ABDESSAMAD LAHIB DABAJ

FORMACIÓN
DE
FORMADORES SANITARIOS

COLECCIÓN
SALUD

Abdessamad Lahib Dabaj

Es Doctor por la Universidad de Granada, Trainer y Coach en Programación Neurolingüística.

Desde 1998 se dedica a la formación y a la docencia en el campo sanitario, social y educativo.

Autor de:

- "Comunicación eficaz para los profesionales de la salud".
- "Gestión de los conflictos en el ámbito sanitario".
- "Retos en los contextos multiculturales. Competencias interculturales y resolución de conflictos".
- "Atención socio-sanitaria al inmigrante".

Co-autor de:

- "Mobbing, Burnout y Estrés Laboral".
- "Mediación Intercultural: Una propuesta de formación".

Ediciones Diference, 2017
1ª edición, noviembre 2017
ISBN: 978-84-946835-3-4
Diseño de portada: Goiuri Goirigolzarri Falces

A quienes me enseñaron a leer y a escribir

A quienes me inspiraron amar enseñar

A quienes me acompañaron en mis primos

pasos como formador

A ellos/as mi agradecimiento entero.

ÍNDICE

INTRODUCCIÓN

La finalidad de este libro es dar apoyo a los profesionales que se dedican a la formación o quieren iniciarse en ella. Sintetiza los pasos a seguir para planificar, diseñar, ejecutar y evaluar una actividad formativa. Ofrece también una serie de recomendaciones y "recetas" prácticas para conducir el proceso de enseñanza-aprendizaje con éxito.

A la hora de confeccionarlo he buscado simplificar lo máximo, hacerlo lo más práctico posible, y sobre todo he intentado reflejar en él los descubrimientos, los aprendizajes y las lecciones extraídas de innumerables experiencias con grupos a lo largo de muchísimos años de dedicación exclusiva a la formación.

El libro está compuesto por:

▶ Un primer capítulo sobre los actores y el proceso de formación. En él abordamos el perfil del formador, los conocimientos habilidades y actitudes que les ayudarían a conducir el proceso con mayor eficacia. Hablamos también del perfil del alumno adulto, sus características, el tipo de interacción y retos que plantea; así como la dinámica que suele establecerse. Y por último, aportamos varios elementos sobre el aprendizaje cuyo manejo ayuda a manejar el proceso de formación.

▶ El segundo capítulo lo dedicamos al diseño de la formación. Cómo realizar detección de necesidades formativas y justificar la formación, cómo definir los objetivos tanto generales como específicos, cómo confeccionar el contenido y determinar la metodología y la evaluación de la formación. Se trata de clarificar los pasos a seguir en el diseño de la formación.

▶ El tercer capítulo versa sobre el desarrollo de la formación, las habilidades necesarias y cómo emplearlas, los aspectos a cuidar al inicio de la formación, el abordaje del contenido troncal y el cierre de la formación. Todo ello con detalles, "recetas", trucos, ejemplos y un apartado dedicado a las situaciones difíciles que podemos encontrar.

▶ El cuarto capítulo lo dedicamos a la evaluación, su importancia y finalidades, sus tipos, instrumentos y cómo aplicarlos.

▶ En el quinto capítulo presentamos un conjunto de técnicas didácticas, recursos y medios para la formación con recomendaciones para un buen uso y un mayor aprovechamiento.

▶ Y por último un apartado para anexos y otro de recursos bibliográficos.

LOS ACTORES Y EL PROCESO DE FORMACIÓN

1. LA FIGURA DEL FORMADOR

Podemos decir que es una persona con conocimientos, habilidades y actitudes adecuadas para acompañar a un grupo en su proceso de aprendizaje, facilitando la información o su generación por los miembros del grupo, creando un clima óptimo de aprendizaje y de interacción entre él y el grupo y entre los miembros, para aprovechar al máximo las capacidades del grupo.

Existe un abanico de términos que se refieren a la figura del formador, cado uno tiene unos matices:

Capacitador: persona que muestra y demuestra a otros la forma de ejecutar algo y que siguiendo sus pasos, su instrucción, pueden adquirir la práctica y la destreza necesarias para manejar lo propuesto.

Coach: persona que ayuda a otros a identificar el potencial que tienen, utilizarlo al máximo para incrementar su desempeño.

Docente: persona que enseña conocimientos y técnicas en el marco de una disciplina académica y dentro de un programa regulado.

Facilitador: ayuda a avanzar en un proceso, simplificando y haciendo más asequible cada uno de los pasos del mismo.

Educador: persona que se ocupa de la adquisición por parte de otros de valores, conductas, capacidades y creencias determinadas.

Enseñante: aquel que dirige, imparte, transmite, informa y comunica conocimientos.

Guía: aquel que conoce el camino y conduce a otros hasta el destino estipulado.

Presentador: aquel que capta la atención de una audiencia con sus maneras de informar, describir, exhibir, y presentar datos, noticias, ideas, sistemas, etc.

Trainer: ayuda a generar la construcción o desarrollo de nuevas estrategias que facultan al aprendiz para desarrollar capacidades.

Tutor: aquel que acompaña a uno o varios alumnos en un proceso de formación concreto, aporta orientación y apoyo al alumno para que alcance el nivel de competencias necesario.

A. Conocimientos

Un formador debe disponer de suficientes conocimientos del tema que va a trabajar cuando se trata de sesiones de transmisión de información. Digamos debe ser "experto" en dicho tema, debe dominar su campo.

Este requisito es menos imprescindible cuando el formador actúa como "dinamizador-animador" de un grupo cuyos miembros son expertos en el tema a tratar y su labor es dinamizar la sesión para que haya una producción grupal.

Un formador necesita conocimiento sobre:

▶ **La materia o materias objeto de sus acciones formativas:** como mínimo debe disponer de un nivel de conocimiento más alto que el grupo al que se dirige, por estar más especializado en este tema o por haber revisado a fondo lo publicado últimamente sobre él. Habitualmente aconsejo limitarse a las materias que uno domina y con las que disfruta. Para mí estos dos criterios son esenciales para el éxito. Todo lo que nos gusta se nos da bien y, como nos encanta, se palpa a la hora de transmitirlo; el grupo capta que lo impartes con entusiasmo.

▶ **Diseño de acciones formativas:** el formador debe conocer los principios del diseño de una acción formativa. Necesita diseñar instrumentos para diagnosticar las necesidades formativas que le permiten justificar la futura acción formativa, necesita saber cómo formular objetivos bien definidos, cómo configurar un contenido, cómo impartirlo, y cómo evaluarlo.

▶ **Metodología y didáctica:** un formador necesita conocer los distintos enfoques metodológicos, su uso y sus límites. También necesita conocer las distintas técnicas didácticas existentes, cuándo y cómo utilizarlas.

▶ **El aprendizaje individual, grupal y de la dinámica de grupos:** Cómo funciona el aprendizaje individualizado, cómo se puede atender a la diversidad de aprendizaje en un grupo. A su vez, el formador necesita conocer las dinámicas que se establecen entre los miembros de un grupo en formación, los distintos papeles que se presentan, las distintas conjugaciones de dichos papeles y los retos que plantearían al formador.

▶ **La evaluación:** conocer los distintos enfoques de evaluación, la utilidad de cada tipo y los instrumentos disponibles para realizarlas, así como las dificultades a las que se enfrenta.

En resumen al formador sanitario le conviene ir ampliando sus conocimientos en los apartados descritos anteriormente para superar las limitaciones metodológicas y didácticas y conseguir impartir una formación de calidad.

B. Habilidades

Saber es el primer paso, saber impartir es el segundo. Esto al menos en el modelo de enseñanza convencional, en el cual, una persona con muchos conocimientos los trasmite a otros en disposición de aprenderlos. Me inclino a cambiar el saber impartir por el saber acompañar en la construcción del aprendizaje, poniendo el acento en el aprendiz para convertirlo en maestro y principal actor de su propio proceso.

En mi entender las habilidades deben abarcar los bloques de tarea (preparación e impartición del contenido) y de relación (clima, interacción alumnos/formador, interacción alumnos/alumnos). De las muchas habilidades que puede haber, citamos las siguientes:

▶ **De diseño:** programa la formación adecuándola a las necesidades, define unos objetivos concretos y realizables, organiza los contenidos, selecciona los procedimientos metodológicos y los medios más adecuados para su desarrollo y determina los criterios de su evaluación.

▶ **De comunicar:** Domina las distintas técnicas de hablar en público y domina la comunicación verbal y no verbal. En la formación presencial hay que "bajar al ruedo", enfrentarse al miedo escénico y vencerlo para no convertir la sesión en un fiasco.

Muchos sanitarios participan en eventos formativos externos a sus centros como congresos y jornadas, elaboran comunicaciones y posters, participan en mesas redondas, dan charlas y ponencias. El tiempo y el esfuerzo dedicados a la preparación solamente pueden verse culminados si hay una buena "puesta en escena". Y para conseguirlo hace falta un buen dominio de las técnicas de hablar en público.

Manejar de manera beneficiosa para el aprendizaje los importantes parámetros del lenguaje no verbal como la distancia, la postura, el contacto visual, los movimientos, etc. Y hacer lo mismo con los parámetros para-verbales como el volumen, la fluidez, la velocidad y las pautas de la voz. Y por último, no olvidar la parte verbal como la estructura gramatical correcta, la elección del vocabulario apropiado a la materia ajustado al nivel del alumnado y un orden lógico en las oraciones.

▶ **De crear** un clima grupal favorable para el aprendizaje. Los adultos igual que el resto de grupos de alumnos necesitan un clima distendido, donde prima el respeto entre compañeros, dónde cada uno siente que tiene un sitio. El buen clima permite que cada miembro del grupo puede expresar sus opiniones, sus dudas y puede realizar sus aportaciones. Permite también que el proceso avance con más velocidad y los alumnos tengan sensación de realizar un menor esfuerzo de lo habitual y que cuesta menos asimilar la materia.

En formatos como jornadas y congresos basta con algún toque de humor al inicio, acorde con la cultura y el sentido de humor del público en cuestión. También es necesario poner en valor los conocimientos y los logros del público evitando mensajes subliminares negativos o toques de prepotencia.

En el caso de las sesiones clínicas, donde todo el mundo se conoce, el clima suele estar determinado por el ambiente reinante en el equipo de trabajo, el nivel de cooperación, de rivalidad, de conflictividad. Mi consejo es apartar los roces personales. Arranca con un talante conciliador y agradable, evita las personas que te plantean "trampas" para hacerte caer en el juego de rife rafe, convirtiendo la sesión en un escenario para ajustar cuentas pendientes. Llegado el caso puedes verbalizarlo diciendo algo como: *"agradezco a todos/as centrarnos en el tema de la formación, los otros temas abordarlos en el espacio correspondiente, o pedírselo al responsable de la Unidad, continuamos..."*.

Y por último el caso de las personas responsables de grupos de alumnos en prácticas, que los acompañan durante un largo tiempo y se ven obligados a mantener el buen clima necesario para la buena marcha del periodo de formación.

▶ **De establecer y mantener** la sintonía con los participantes. No significa caer bien al grupo, lo que podría llevar al formador a caer en una trampa de difícil salida, sino estar pendiente de complacer al grupo.

Establecer la sintonía significa situarse en la "onda" en la que se encuentra el grupo al inicio de la formación, que el publico capte que el formador está entendiendo sus necesidades, sus prioridades y sus preocupaciones. Significa que vele por la relación entre él y cada miembro del grupo, que esta relación sea respetuosa, complementaria y cooperativa.

La sintonía requiere de más esfuerzo por parte del formador al inicio de la formación puesto que necesita conocer a cada alumno y, una vez establecida, no significa que pueda relajarse hasta el final. La sintonía sufre de reveses en cada momento de turbulencia en el grupo; se deteriora con las tensiones y los conflictos y sufre con los descuidos por parte del formador.

▶ **De calibrar y observar** el estado del grupo, recibir el feedback permanentemente. Observar el estado del grupo en todo momento, percibiendo las señales que le permitan corregir, modificar o mantener el modo de actuación seguido hasta este momento.

▶ **De conducir** el proceso de aprendizaje: establece el marco de funcionamiento y las reglas, explicita los objetivos y trabaja su asimilación, acepta que haya resistencias y las aborda, motiva y estimula al grupo, anima al debate, evita la polémica y los conflictos de opinión, recuerda los objetivos en los momentos de confusión, consigue que todos los participantes encuentren su sitio en el grupo y su grado de implicación.

▶ **De mantenerse** en un estado de plenos recursos. Sabe cuidarse para estar en forma a lo largo de toda la formación. Sus palabras y sus gestos deber seguir desprendiendo la misma energía, motivación y convicción a lo largo de todo el proceso.

C. Cualidades y actitudes

Podemos enumerar muchas cualidades, necesarias o imprescindibles en un formador, que sin ellas no alcanzaría dicho rango. La lista de cualidades sería infinita porque toda cualidad humana le aportaría algo al formador. Las cualidades se desarrollan a lo largo de la vida y un formador irá mejorándolas conforme crece profesional y humanamente.

Las actitudes están ligadas al nivel de desarrollo ético alcanzado por la persona, al equilibrio y a la integridad que tiene, a su nivel de desarrollo personal. No pueden ser una conquista definitiva, algo que se obtiene un día para siempre, sino algo que se consigue evolucionando y, una vez alcanzado, podría fallar de vez en cuando. Cito unas cuantas cualidades y actitudes, seguramente se pueden incluir muchas más.

▶ **Congruencia:** predica con el ejemplo y es congruente con lo que dice, su cuerpo, sus gestos, su voz; todos transmiten el mismo mensaje. Esta cualidad genera un gran impacto motivador en el grupo, puesto que los miembros sienten gran atractivo por la congruencia.

▶ **Seguridad:** da mayor impacto a la formación. Requiere un buen dominio de la materia y una preparación mental antes del comienzo de la formación. Habitualmente la seguridad aumenta conforme la experiencia del formador es más dilatada.

▶ **Competencia:** va unida a las dos anteriores, se refiere tanto al dominio de la materia, como a la capacidad de interacción con el grupo y a la disposición de recursos para las distintas eventualidades que pueden surgir.

▶ **Modestia:** el formador es consciente de hasta dónde sabe, no intenta demostrar que sabe más ni que sabe menos. Es consciente de que su papel no es impresionar al grupo con sus conocimientos.

▶ **Apertura:** al grupo, a sus preguntas, a sus dudas, comentarios y aportaciones. Significa estar abierto a otras formas de pensar, incluso muy diferentes a la suya, a otros enfoques y paradigmas. El conocimiento avanza gracias a las rupturas epistemológicas, gracias a que algunos ponen en duda lo evidente, aquello que todo el mundo da por válido.

▶ **Flexibilidad:** se adapta a la particularidad y necesidades de cada grupo cambiando y modificando lo necesario en cada momento para conducir el proceso formativo con éxito.

▶ **Interés:** todo su interés está centrado en el grupo en primer y en segundo lugar. Curiosamente el interés del formador por el grupo despierta el interés del alumnado por la materia y la motivación por el proceso de enseñanza-aprendizaje.

▶ **Conexión:** mantiene un estado de empatía con los participantes. Comprende el momento por el que pasa el grupo, sus preocupaciones, sus necesidades y sus intereses. Además de comprender, lo demuestra y sin que esto signifique estar de acuerdo. Conectar con el grupo, no significa buscar caer bien, sino construir la sintonía para trabajar y mantenerla durante todo el proceso.

▶ **Humor:** crea un clima relajado, distendido, introduce anécdotas en los momentos necesarios. Al inicio de la formación por ejemplo y después de momentos de tensión para que el grupo se relaje un poco.

▶ **En forma:** cuida su estado de recursos para estar bien, descansado, capacitado de afrontar la tarea de conducir el proceso. Mantiene un alto nivel de motivación y dinamismo que ayuda a mitigar cualquier "pasotismo" de miembros del grupo, ayuda a mantener un alto nivel de implicación entre ellos.

▶ **Agudeza sensorial:** continuamente atento a los participantes, cómo siguen el proceso, cómo se sienten. Capta los mínimos cambios y se amolda a ellos.

2. EL ADULTO EN FORMACION

La formación de adultos tiene una serie de características que le dan un carácter propio y que la diferencian de la
formación de otros grupos de edad, como pueden ser niños, adolescentes o jóvenes. En la formación de adultos
tendremos delante unas personas que suelen reunir las siguientes características:

▶ **Motivación diferente a la de niños y adolescentes:**
en la formación de profesionales sanitarios, sean alumnos
en práctica o profesionales en ejercicio, están ante adultos
que acuden a la formación en gran parte porque quieren
promocionarse en su puesto de trabajo, necesitan mejorar
su acceso al empleo, su estabilidad laboral, quieren mejorar sus conocimientos o habilidades respecto a algún aspecto del trabajo, porque su entidad le exige realizar ésta
formación, etc.

Al inicio de cada curso, suelo preguntar a los miembros
del grupo: *"¿por qué se han apuntado a la formación?"* Habitualmente escucho respuestas genéricas tipo: "aprender,
mejorar mis conocimientos", de vez en cuando alguien manifiesta claramente su motivación: "para los puntos, porque quiero mejorar en la bolsa".

Suelo hacer los siguientes comentarios: "los puntos están garantizados con cumplir el horario y la asistencia, y
ahora vamos al aprendizaje y para ellos necesito que cada
uno aporte aquello qué ha adquirido por experiencia y en
formación previa, de este modo enriquecemos nuestra formación".

▶ **Expectativas más allá del conocimiento:** suelen estar muy ligadas a la motivación, de hecho cuando pregunto: "¿para qué te has apuntado a este curso?" muchos contestan con la motivación y viceversa. Las expectativas del profesional sanitario, y sobre todo, en aquellos con muchos años de trabajo, suelen ser más altas, más exigentes. No se conforman con un nivel básico, quieren aprender más aspectos prácticos y de mayor aplicabilidad a su puesto de trabajo. Y conforme ven sus expectativas cumplirse, aumenta su implicación y su rendimiento a lo largo del proceso formativo.

▶ **Experiencia de vida y en la materia:** por sí sola, la experiencia de vida es una fuente de aprendizaje. A mayor riqueza de experiencias, mayor aprendizaje y mayor madurez tendría la persona. A menudo en la formación de sanitarios nos encontraríamos con que, parte del grupo, posee mucha experiencia práctica en el tema. Este tipo de alumnado habitualmente tiene la inquietud de encontrar, en primer lugar, soluciones a determinados supuestos reales que les plantean más dificultad y a los que no habían encontrado soluciones hasta ahora. A veces manifiestan que la teoría les sobra y que necesitan cosas prácticas. Durante la formación, podemos encontrarnos con que las personas con más experiencia toman más espacio y más protagonismo dentro del grupo, con lo cual nos enfrentamos al reto de encontrar el equilibrio entre los miembros con más experiencia y con menos experiencia laboral. El exceso de protagonismo de unos puede suponer la marginalidad de los otros.

▶ **"De tú a tú"**: no admite una relación clásica de enseñante-aprendiz en la que el alumno ocupa una posición de "inferioridad", y el enseñante otra de "superioridad". Tan solo en el caso de los alumnos residentes, que en sus primeros años de residencia aceptan este tipo de relación, mas tarde la irán abandonando conforme se acerca la fecha de ocupar el mismo puesto que el tutor/a.

El resto exige de manera explícita o implícita un trato de igual a igual, no admite la imposición fácilmente, necesita argumentar, explicar de manera convincente, negociar. Y sobre todo reclama consideración, respeto y aceptación del estatus.

▶ **Resistencia al cambio:** el profesional sanitario, después de años de ejercicio, consolida unos hábitos de conducta y unos procedimientos de trabajo. Cuando el formador plantea cambios y modificaciones en el modo de hacer las cosas hasta ahora, lo más probable es que se encuentre con bastantes resistencias y pegas a lo que propone.

En algunas ocasiones, el profesional-alumno se centra más en encontrar excepciones a lo que dice el formador. En otras, en verle la utilidad a lo planteado o probarlo primero. En otras, se cierra en una defensa a ultranza del modus operandi actual. Podemos deducir en determinados grupos, sobre todo aquellos que han estado muchos años en los mismos centros y en los mismos servicios, que poseen esquemas mentales estancos y rígidos a menudo acompañados con una especie de pensamiento único dominante.

3. CARACTERÍSTICAS DEL GRUPO EN FOR-MACION

A. Composición del grupo

▶ **Número de alumnos o tamaño del grupo:** dependiendo de ello, se pueden plantear determinados ejercicios o descartarlos. Un grupo de 15 a 18 personas tiene el tamaño idóneo para el aprendizaje de habilidades o de temas que requieren mucha interacción entre los alumnos.

Un grupo de 20 a 30 personas requiere mucho esfuerzo por parte del formador. Más de 30 personas necesitan un formador con ayudantes. Cuando el tema del curso es la transmisión de información mediante la exposición con un turno de preguntas al final de la intervención, no importa que el tamaño que el grupo tenga.

▶ **Asistencia obligatoria o voluntaria:** unos alumnos obligados por sus superiores a asistir al curso habitualmente mostrarán pasividad y falta de motivación, lo que obligaría al formador a realizar mayor esfuerzo para despertar su interés, aumentar su motivación y su implicación en el curso. Este es el caso de las formaciones obligatorias planificadas desde servicios centrales y, que a menudo, muchos profesionales no le ven utilidad en su práctica diaria, o incluso la pueden considerar una pérdida de tiempo.

Al contrario, los alumnos que asisten de manera voluntaria a la formación, haciendo un esfuerzo de asistencia fuera de su jornada laboral, tienen teóricamente mayor interés por la formación y esperan unas ganancias a nivel personal o profesional. No obstante este interés no es un cheque en blanco para todo el curso, si el formador comete muchos errores lo puede dilapidar rápidamente.

▶ **Asistencia por razones que no sean la formación en sí misma:** es habitual encontrarse con alumnado que acuden al curso por razones que no sean las de formarse, sino por los puntos para el baremo y por librarse del trabajo un día o más. A este alumnado, la materia, la dinámica de clase, etc., les resulta indiferente.

Cuando la indiferencia y la poca implicación de estos alumnos sea tan manifiesta que afecta negativamente al grupo o varios de sus miembros, el formador tiene que atajarlo, hablándolo de manera privada con dicha persona.

▶ **Conocimiento de los miembros del grupo entre sí:** un grupo cuyos miembros se conocen todos facilita la labor de cohesión a cargo del formador, siempre que no arrastren antecedentes conflictivos que pueden encontrar salida en el escenario del curso.

Si los miembros no se conocen entre sí, evidentemente hay que dedicarle más tiempo a la cohesión, al establecimiento de un nivel de confianza y complicidad que facilite el avance con la materia.

A veces el exceso de cercanía y familiaridad entre formador y grupo puede entorpecer la marcha, si no se mantiene un nivel básico de formalidad. Durante el espacio de la sesión formativa, cada uno debe limitarse al rol que le corresponde.

▶ **Heterogeneidad de categorías:** es más frecuente cuando se trata de temas trasversales y comunes a todas las categorías, incluso de personal no sanitario como administrativos y celadores.

A veces esta heterogeneidad propicia la apariencia de conflictos sutiles que enfrentan a las distintas categorías o estamentos, habitualmente, por supuestos privilegios de alguna categoría y, en otras ocasiones, en base a prejuicios que una tiene una de la otra.

En grupos así, los sub-grupos "impenetrables" se forman rápidamente y se puede observar tanto en el trabajo, en la ocupación del espacio (quien se sienta al lado de quien) y hasta en las pausas. El formador puede romper esta rigidez usando la técnica de trabajo en grupos, donde les obliga a mezclarse.

▶ **Heterogeneidad de jerarquías:** un grupo donde hay superiores y subordinados, la participación y el nivel de debate estarán muy condicionados. En función del número y peso de superiores presentes, pueden ocurrir dos cosas distintas:

(a) que los subordinados se muestren cohibidos, sin atreverse a manifestar posturas diferentes u opuestas a las de sus superiores.

(b) si hay pocos superiores, pueden convertirse en diana de críticas y quejas continuas del resto de los subordinados, quejas dirigidas a ellos en cuanto a puestos que ocupan y en cuanto a lo que representan y no a ellos personalmente.

En este tipo de grupo, a menudo se pueden palpar actitudes de superioridad por parte de los que ocupan un estatus más elevado en la jerarquía y complejos de inferioridad por parte de los que ocupan puestos más bajos en la jerarquía.

Conducir un grupo así requiere, por parte del formador, un estilo de moderación muy fino para mantener un equilibrio entre las distintas jerarquías, evitar la dominación de opiniones y posturas de los superiores y la marginación de los subordinados.

▶ **Heterogeneidad en el nivel de conocimientos:** si el conocimiento de la materia es desigual, el formador se ajusta al nivel de las personas con menos conocimiento y, al mismo tiempo plantea nuevos retos para las personas con mayor dominio.

En los grupos de trabajo se puede buscar la complementariedad, integrando en cada grupo a personas con más nivel y a otras con menos, las primeras sirven de ayudantes o mentoras a las segundas.

También los ejercicios se pueden diseñar con distintos grados de dificultad, pensando en un grado de mayor exigencia para las personas con más nivel y otros con menor exigencia para los demás.

▶ **Heterogeneidad sexual:** hay sectores profesionales en los que dominan las mujeres y que podríamos encontrarnos con pocos hombres. En mi trayectoria con personal sanitario he llegado a tener algún grupo sin ningún hombre.

La heterogeneidad sexual se debe tener en cuenta principalmente si el tema afecta o trata aspectos de género. En este caso, se debe realizar las puntualizaciones específicas de cada sexo. En caso que el tema del curso no sea el aspecto de género, se debe cuidar la diversidad; que los miembros de un sexo que constituyen una minoría en el curso no terminen adoptando posiciones marginales.

4. DINÁMICA DE GRUPO EN FORMACION

El grupo se constituye con el fin de realizar un aprendizaje de nuevas competencias durante un tiempo limitado. La dinámica que se establece entre sus componentes (formador, miembros) marcará, de manera determinante, la consecución de los objetivos del aprendizaje. A continuación comentamos los principales proceso de dinámica de grupo en formación, según Birkenbihl:

La lucha por el liderazgo informal: se produce siempre y habitualmente gana el aspirante con más energía y ganas de dominio.

Recomiendo: no tomar partida en la lucha aunque el estilo del ganador no sea de nuestro agrado, no entrar con él en competitividad, sino dirigirlo para que ponga su energía en una dirección que beneficie al grupo.

La lucha por la posición en la cadena de mando: determina el estatus social y el puesto que ocupará cada uno en el grupo. Viene determinado por varios factores como la procedencia (servicio de mucho prestigio), el puesto (coordinador provincial de...), el prestigio social (miembro de la ONG X), el grado de formación (Doctorado, Máster en...), etc. Si los miembros del grupo se conocen, la cadena se establece rápidamente, los miembros sacarán a lucir sus atributos para ocupar el sitio que creen les corresponde.

Recomiendo: aceptar la cadena de mando no quiere decir adaptar la formación a ella, ni tampoco dar más espacio en función de ella, sino procurar dar reconocimiento a los miembros del grupo en función de sus aportaciones y de su implicación.

La formación del "estándar del grupo": se trata de la coincidencia en la forma de pensar y sentir respecto a la marcha de la formación, el ritmo, el volumen, el grado de profundización, la gestión del tiempo, las pausas, el grado de humor-seriedad, etc. cuando un grupo establece su "estándar" hace de él norma y no acepta a infractores dentro del grupo, aunque puede aceptar que el formador fuerce dicho estándar.

Recomiendo: trabajar a partir del estándar del grupo, integrar a las personas que pueden quedarse fuera. Por ejemplo aquellas con ansias de aprender más, que pueden terminar siendo objeto de burlas.

El emparejamiento: dos o tres personas establecen estrechos vínculos debido a una fuerte simpatía entre ellas, o como mecanismo de compensación de la debilidad individual. Si el formador llega a un grupo formado, encontrará el emparejamiento establecido y, si inicia la andadura con el grupo, verá cómo el emparejamiento se va fraguando. Uno de los aspectos más complejos a manejar en la formación de larga duración (6 meses a un año), son los efectos negativos para el grupo de la ruptura de emparejamientos, sobre todo los amorosos.

Recomiendo: aceptar cierto grado de emparejamiento, reducirlo a la hora de formar los subgrupos utilizando la enumeración que no permite juntarse a las personas sentadas una al lado de otra, pedir directamente cambiar de pareja para un ejercicio, etc.

La elección del rol: optar por uno u otro de los roles principales en un grupo y que son: El líder informal, el más capaz, el inconformista, el más popular, el gracioso, el sumiso, y el marginado. A veces la persona lucha por conseguir este rol porque siempre lo ha tenido en los grupos y a veces es parte del grupo que le empuja de adquirirlo.

Recomiendo: aceptar que estos papeles van a estar presentes en cada grupo en una medida u otra, tomar conciencia de los roles que cuesta gestionar a cada cual, mantener a estos roles en término medio para que no afecte negativamente al grupo. Más adelante, en el apartado "tratar con gente difícil", veremos pistas y formas de respuesta a estos papeles.

5. ASPECTOS DEL APRENDIZAJE EN GRUPO DE ADULTOS

Los alumnos aprenden mejor cuando se hallan en estados emocionales óptimos para el aprendizaje, cuando tienen curiosidad e interés, cuando están "relajados", y cuando el método o métodos hacen que la formación sea amena.

Toda información recibida o actividad realizada está asociada a un estado emocional. Con lo cual mientras que éste sea positivo, el aprendizaje será mayor y cuando es desagradable, el aprendizaje será menor. De ahí que es fundamental presentar la materia de manera atractiva y crear un ambiente positivo.

No quiero que se confunda relajado con la ausencia de intensidad, ni con la ausencia de retos y desafíos, sin ello no habría aprendizaje tampoco, pasaríamos rato agradable contando cosas y fin de la historia. Hay momentos que el formador debe relajar el ambiente, otros en los que debe aumentar la intensidad y la velocidad, en otros debe dejar al alumno "sufrir" en el buen sentido de la palabra, para resolver casos que encontraría mañana en su práctica profesional.

El formador puede inducir a dichos estados con su comportamiento, generando suspense en el público, contando ejemplos personales o relacionados con la experiencia del grupo, hablando en un tono de voz pausado y tranquilo, interpretando papeles, contando anécdotas y utilizando un lenguaje cargado de humor.

El aprendizaje no es una cuestión del aprendiz/alumno solamente, ni tampoco es del formador/enseñante en exclusiva. Cuando el aprendizaje obtiene éxito no es mérito solo del enseñante, y cuando cosecha fracaso no es responsabilidad del alumno solo. La responsabilidad máxima de conducir el proceso evidentemente es del formador y el éxito es de ambos.

Utilizando la trilogía **QUERER**, **SABER**, **PODER**, podemos decir que el éxito del proceso enseñanza-aprendizaje depende de estos tres pilares así como de la interacción resultante entre formador/alumno/grupo.

QUERER	SABER	PODER
SENTIR	PENSAR	ACTUAR
MOTIVAR	FORMAR	ORGANIZAR

El *QUERER* (motivación): es el componente **emocional** de la formación, hace referencia al "**SENTIR**" del alumnado y del formador, hacer referencia a la labor fundamental a realizar por cualquier formador, estar motivado y "**MOTIVAR**" al alumnado.

Habitualmente el grupo acude a la formación con motivaciones de distintos tipos y grados: por necesidad urgente de formarse en el tema, por problemas en el puesto de trabajo, por el certificado, por cambiar de actividad durante unos días, etc.

El grado de motivación se suele reflejar en el grado de puntualidad, en alargar o no los descansos, en encontrar excusas para ausentarse o estar en todas las sesiones , en el grado de participación, en el grado de implicación en las actividades y los ejercicios, etc.

La motivación tampoco es algo estático, un grupo puede empezar con una media de motivación baja, y por el trabajo del formador y la dinámica grupal, aumente considerablemente. A otro grupo, le puede ocurrir lo contrario y lo mismo podemos decir de la motivación individual.

El *SABER* (formas de aprendizaje – método de enseñanza)**: es el componente **racional/intelectual** de la formación, hace referencia al "**PENSAR**" en cómo formar al grupo, cómo conducir la formación y qué estrategias a seguir.

Existen elementos comunes entre todas las personas en las formas empleadas para adquirir aprendizaje y existen también particularidades que distinguen a las personas. El éxito será mayor si los métodos de enseñanza empleados por el formador logran conectar con las distintas formas de aprendizaje.

El *PODER* (posibilidades de organizar de la formación)**: es el componente de **actuación**, corresponde a "**ACTUAR**", responde a la pregunta de cómo organizar la formación y sus distintos aspectos, de manera que crease un marco dónde las capacidades del alumnado y del formador interactúen generando el aprendizaje deseado.

Desde esta perspectiva, la formación se puede plantear tanto para la organización como para el grupo, en un nivel inicial, medio, o avanzado.

Además de no limitarse a valorar un aspecto de los tres citados, al formador le conviene conocer varios aspectos del funcionamiento cerebral y tenerlos en cuenta para lograr mayor éxito de la formación.

Es de utilidad para el formador saber que la retención de la información sigue un camino que comienza en la memoria inmediata (10 a 20 segundos), pasa a la memoria a corto plazo (hasta 20 minutos) y después a la memoria a largo plazo. Para facilitar dicho paso a la memoria a largo plazo las siguientes indicaciones son de ayuda:

- Repetir la información clave varias veces, hacerlo con énfasis verbal.
- Conectar el nuevo aprendizaje con el esquema referencial y la experiencia de los alumnos.
- Realizar continuamente asociaciones entre la nueva información y otras de las que ya disponen los alumnos.
- Suministrar la información paulatinamente y de modo ordenado, teniendo en cuenta las desconexiones que los alumnos necesariamente deben realizar.
- Hacerlo procurando un clima emocional del grupo positivo y un agradable entorno material (temperatura, silencio, luz, comodidad de sillas, etc.)

Es de utilidad para el formador saber que los teóricos de la psicología del aprendizaje clasifican el aprendizaje en tres tipos:

▶ **El aprendizaje de reflejos condicionados** (condicionamiento clásico): la persona aprende a reaccionar de una manera concreta ante una señal determinada. Cada vez que la señal se repite, la persona actúa automáticamente de la misma manera aprendida antes.

▶ **El aprendizaje por ensayo-error** (condicionamiento operante): para conseguir una meta la persona ensaya un método, si este no funciona cambia hasta encontrar la manera.

▶ **El aprendizaje por discernimiento**: la persona establece conexión entre aprendizajes anteriores y la meta actual, genera un nuevo aprendizaje que recuerda fácilmente y del que dispone para situaciones similares en el futuro.

En la Programación Neurolingüística hablamos de los metaprogramas, una especie de filtros mentales inconscientes que determinan nuestras preferencias a la hora de aprender, así como las tendencias en centrar nuestra atención en un aspecto más que en otros y en la forma de tratar y seleccionar la información.

De los metaprogramas implicados en al aprendizaje citamos:

Global-específico

Hay alumnos que se encuentran más cómodos en el aprendizaje cuando reciben una formación general, con ella terminan dibujando un marco, una idea global del tema y, a partir de ella, completan la información con detalles.

En el polo opuesto, hay otros alumnos que se interesan, en primer lugar, en los detalles, en los fragmentos más pequeños de la información y, a través de ella, construyen una idea global. El formador debe tenerlo en cuenta, hablando en términos generales y contando detalles.

Procedimientos-alternativas

Hay alumnos que aprenden mejor cuando el curso sigue un procedimiento con pasos claros, sin embargo esto termina aburriendo a otros que necesitan más flexibilidad para tratar temas secundarios o laterales.

Concepto-estructura-utilidad

Según este modelo, los alumnos pueden dividirse en tres categorías en función de la secuencia que siguen. Un primer grupo prefiere que se traten primero los conceptos, la filosofía, la base y las fuentes teóricas del tema, luego los otros dos.

Otro segundo se interesa por la estructura, por los apartados del material, por cómo se encajan, por el hilo conductor.

Otro tercer grupo se fija primero en la utilidad que tiene el temario, el provecho que se le puede sacar, la forma de ponerlo en marcha.

El formador puede tener en cuenta que la secuencia varía según las personas y, que su presentación debe incluir los tres elementos para llegar a todo el grupo.

Finalizamos este apartado citando algunos factores que condicionan la memorización:

▶ **Estructura y organización de los materiales:** cuanto más estructurados estén y, organizados en bloques o unidades conectadas entre sí, de manera lógica y coherente, más fácil será su memorización.

▶ **Ponderación tiempo/materia:** prever tiempo razonable para tratar toda la materia, distribuir las unidades en función de las horas de mayor rendimiento y en función de los descansos, facilita el aprendizaje y la memorización definitiva. Empezando siempre con los temas más complejos tanto al inicio de la sesión como después de las pausas.

▶ **La interferencia y la superposición:** conviene intercalar unidades de temario distinto para evitar este riesgo.

▶ **La intensidad y la repetición:** además de repetir y recordar la información clave y hacer síntesis de lo visto, el formador debe hacerlo con entusiasmo, de manera viva y esto se debe reflejar en su comunicación verbal y no verbal.

DISEÑO DE LA FORMACIÓN

1. PRINCIPIOS GUÍA

Es recomendable en el diseño tener en cuenta:

▶ **El buen estado de aprendizaje del grupo como meta:** para que una formación tenga éxito es necesario que el grupo esté motivado para aprender, para interactuar positivamente y, para realizar aportaciones. El formador debe considerar que mantener dicho estado es obra principal suya que no debe descuidar.

▶ **El ajuste al tema y al marco temporal:** el diseño ha de adaptarse al tema específico de cada formación, al tiempo disponible, al tipo de lugar dónde se va impartir (aula, salón de actos, sala de juntas, etc.) y mantener los objetivos como horizonte en todo momento.

▶ **Distribución adecuada de las pausas:** es adecuado mantener cierta flexibilidad para las pausas y no aplicar las mismas reglas a todos los grupos. El número y la duración de las pausas pueden variar en función del tema y de la capacidad cognitiva del grupo, teniendo como fin mejorar la capacidad de retención de los alumnos. Cada 1,30 h o cada 1,50 h se puede hacer una pausa.

▶ **Sencillez:** simplificar lo complejo para hacerlo accesible al grupo adaptándolo a su nivel, acercándolo a su campo y marco de referencia. Salvo que la complicación tenga un objetivo claro, complicar el aprendizaje sólo puede servir para impresionar al grupo con la brillantez del formador.

▶ **Diversidad:** abrir el espectro metodológico, combinar estructuras metodológicas distintas, utilizar distintas técnicas didácticas teniendo en cuenta siempre facilitar el aprendizaje. No conformarse con la misma metodología, la misma técnica didáctica y el mismo programa informático, me refiero a estructura de conferencia, exposición, y presentación en Power Point.

▶ **Rigor y diversión:** aunque en una concepción clásica del aprendizaje se ha marcado que este, sólo y únicamente, se puede conseguir gracias a una mayor formalidad y una mayor disciplina. Esto se ha demostrado que no es cierto. El rigor no está reñido con la diversión, o dicho de otro modo, un poco de diversión evita que pasemos del rigor al "tostón". Tenemos que procurar que nuestro "producto" final, que es una acción formativa, sea a la vez interesante y divertido, ameno y consistente.

2. NECESIDADES Y JUSTIFICACIÓN DE LA FOR-MACION

A. El formador y la misión de detección de necesidades

La pregunta de partida es: "**¿Por qué organizamos esta acción formativa?**", nos tiene que ayudar a encontrar respuestas que conciernen: (a) las necesidades formativas, (b) sus formas de detección.

Antes de abordar a ambas, quiero empezar por justificar la propia justificación de la formación, ¿por qué un formador debe justificar una acción formativa antes de realizarla? ¿Por qué se debe invertir tiempo en esto?

Dos argumentos a favor: porque conociendo las necesidades podemos adaptar el diseño a lo que el grupo receptor de la formación necesita y prioriza. Y porque ofreciendo al grupo una formación adaptada a sus necesidades garantizaremos una parte del éxito de la formación, la parte relacionada con las expectativas y la motivación inicial del grupo.

A la hora de organizar una acción formativa, un formador lo puede hacer dentro de su servicio, centro de salud u hospital o pueden recurrir a él desde otro centro o entidad.

▶ **Formador interno:** una persona de la "casa" que se dedica exclusivamente a la formación en la entidad (gestión y/o impartición), o un profesional con mayor formación teórico-práctica en un campo, que imparte formación para el resto de compañeros o grupos externos captados por la organización.

En ambos casos tienen más facilidad para conocer las necesidades del futuro grupo y, tal vez, sus demandas de primera mano. Cierto también que la persona que se dedica exclusivamente a la formación parte con muchas ventajas, no obstante es aconsejable para las personas del segundo supuesto, recurrir a los diagnósticos de necesidades realizados por los primeros, o pedirles que realicen un sondeo entre los compañeros, que pasen algún cuestionario de recogida de necesidades formativas antes de empezar a planificar su formación.

▶ **Formador externo:** puede ser un profesional destacado en una materia, por sus numerosas publicaciones, por pertenecer a una sociedad científica, a un grupo de trabajo destacado y al que habitualmente le piden intervenciones formativas en esta materia.

El formador externo no tiene acceso a los futuros alumnos, no forma parte de la organización, desconoce su idiosincrasia y toda la información que puede recabar es a través de un interlocutor de la entidad (puede ser responsable de formación, o directivo ajeno al tema).

En este caso es aconsejable, además de la información del interlocutor, recabar más datos sobre necesidades y demandas del futuro grupo, respecto al tema propuesto. Se puede hacer pidiendo al interlocutor facilitar resultados de encuestas internas y, en caso de su ausencia, pedir pasar cuestionario de recogida de necesidades al grupo.

Esto nos evitaría diseñar una formación en función de lo que el responsable-interlocutor cree que el grupo necesita, o de una pequeña parte del grupo, una persona o dos que habitualmente tienen más cercanía con el responsable y quienes manifiestan sus necesidades, o en ocasiones las presentan como se fueran del grupo.

B. Necesidades desde el análisis del puesto y necesidades desde la recogida de peticiones

Según el paradigma y la visión que cada entidad otorga a la formación de su personal o miembros, simplificando podemos encontrarnos con dos tipos de entidades:

▶ **Entidad tipo A:** la formación emana de una visión, tiene una misión clara que se plasma en un plan estratégico, se realizan diagnósticos de necesidades formativas periódicamente y sus resultados sirven como base para la elaboración de planes formativos. Dichos planes pueden ser anuales, bianuales y están en línea con el plan estratégico, dando respuesta a las necesidades formativas diagnosticadas. Los planes se ejecutan y se evalúan, se mantiene la coherencia y la continuidad entre unos y otros para lograr una respuesta a largo plazo que rentabiliza los recursos materiales y maximiza la transferencia de los aprendizajes a los miembros de la entidad y aumenta el impacto de la formación sobre la entidad.

▶ **Entidad tipo B:** la típica entidad dónde no existe una persona responsable o referente de la formación, dónde los responsables se acuerdan en el último trimestre de que hay un presupuesto de formación que se debe de gastar antes de fin de año. En este tipo de entidad se opta habitualmente por preguntar a una parte del personal o a los mandos intermedios, qué temas les gusta tratar en un curso. También se recurre a veces a una consultora externa, pidiendo un tema, eligiendo el título más atractivo del catálogo, o preguntan directamente qué pueden ofrecer a su personal con X presupuesto.

Teniendo en cuenta el antagonismo entre los dos tipos de entidades descritos anteriormente, presentamos a continuación dos formas de detección de necesidades que podemos realizar. Mientras tengamos posibilidades de que nos escuchen y nos dejen más margen, optaremos por la forma más completa de detección de necesidades.

▶ Detección de las necesidades formativas desde el análisis del puesto de trabajo:

- Se realiza un análisis ocupacional al puesto de trabajo donde se determinaran: (a) las funciones primero, (b) las tareas requeridas para cada función y, (c) las operaciones necesarias para lleva a cabo cada tarea.

  Se identifican los conocimientos, habilidades, actitudes y motivaciones necesarias para llevar a cabo las funciones, tareas y operaciones del puesto.

  Se completa con información adicional sobre medios técnicos, condiciones ambientales y riesgos laborales.

Se planifica la formación para capacitar al profesional para desarrollar, de manera eficiente, las funciones, tareas y operaciones de su puesto de trabajo.

Para el análisis del puesto se pueden recoger: datos identificativos de las categorías profesionales que lo ocupan, la finalidad del puesto, las funciones-tareas-ocupaciones que conlleva, las características cualitativas (condiciones ambientales, relaciones, disponibilidad), determinación y valoración de las características que se requieren en el profesional para ejecutar el puesto (elementos de carácter psicomotor, físico, de personalidad, de relación interpersonal, etc.).

- Análisis competencial: se centra en las personas que ocupan el mismo puesto de trabajo y su objetivo es determinar el nivel competencial y, las cualidades de cada persona para desempeñar este puesto de trabajo.

Se trata de saber qué grado de conocimientos, habilidades, actitudes y motivaciones tiene cada profesional respecto a lo identificado en el análisis del puesto que ocupa. Aquellos aspectos, en los que no se alcanza el nivel competencial, serían aspectos susceptibles de mejora y, por tanto, plantean necesidades formativas.

En el análisis competencial, se puede comenzar por los datos obtenidos en el momento de selección del profesional, si están disponibles. Se debe realizar una evaluación del desempeño en el puesto y añadir los perfiles profesionales (nivel cultural, formación específica, actitudes, aptitudes, etc.).

Como instrumentos a utilizar en los dos análisis, se puede recurrir a cuestionarios estructurados o semi-estructurados, entrevistas, grupos de discusión y consulta de documentación.

▶ Detección de las necesidades formativas vía recogida de peticiones:

- Se puede hacer presentándole a los empleados/as de cada puesto un formulario con propuestas de contenido ligado a las competencias técnicas y/o relacionales de cada puesto o categoría profesional. Los destinatarios puntúan los contenidos en función de su importancia y prioridad. Conviene que el formulario tenga un apartado para recoger otras demandas formativas de los profesionales.

- Se puede dejar el formulario abierto para recoger las demandas formativas sin dirigirlas. En este caso se puede esperar recibir demandas relacionadas con el desempeño del puesto o no.

C. Información cualitativamente de interés

Es una información que nos puede resultar de ayuda en el diseño de la formación y que merece el tiempo y el esfuerzo dedicado para conseguirla. Esta información hace referencia al contexto general de la formación y en detalle a:

▶ **Lugar de realización de la formación:** ¿dónde se va impartir? En una aula, en un salón de actos, en una sala. ¿Qué tamaño tiene?, ¿de qué tipo de mobiliario se dispone? Tiene sillas solamente, o sillas y mesas, se puede mover las sillas o están fijas. El tipo de aula y su mobiliario condicionan las técnicas didácticas y los ejercicios que podemos plantearnos y, por tanto, tenerlo en cuenta de ante mano, nos permite elegir aquellas técnicas que más se adapten al lugar y al mobiliario.

A veces es importante también saber la ubicación del edificio, las posibilidades de transporte si está fuera del núcleo urbano, la existencia o no de un parking, cerca si en la zona es casi imposible aparcar. Esto condicionaría tanto la puntualidad del alumnado como la del propio formador.

▶ **Tipo de público:** ¿a qué tipo de público, audiencia o grupo vamos a dirigirnos? La información sobre el nivel de conocimiento, expectativas, edad, género, categorías profesionales; nos ayudaría a adaptar contenido y metodología lo máximo posible al perfil del grupo.

▶ **El tiempo disponible:** lo habitual es que exista un desfase entre tiempo estimado y tiempo real, primero porque siempre preparamos más contenido que el tiempo permite y, segundo porque no solemos restar el "tiempo muerto" que se pierde por las pausas, la impuntualidad, la intervención del formador anterior, etc. El manejo del tiempo es más complicado en jornadas, mesas redondas, y congresos. Mi consejo es calcular que vamos a disponer de 5 minutos menos en cada intervención de 15 minutos, con lo cual conviene decidir, de ante mano, donde se va a recortar la intervención para no tener que correr más de la cuenta o restarle tiempo al intercambio con el grupo.

▶ **Horario, y/o momento de la intervención:** en un horario de 16.ooh a 21.ooh, merece especial atención la franja de 16.ooh a 18.ooh, sobre todo, en los meses de más calor, porque las personas llegan "con la comida en la boca", porque es la hora de la siesta y porque a menudo ya han trabajado toda la mañana.

Mi consejo es programar algo dinámico para esta primera parte de la sesión y si no queda más remedio que realizar una exposición, hay esforzarse lo máximo para captar la atención y mantener el grupo despierto.

En caso de jornadas y congresos, pasaría algo parecido en el horario de tarde y a última hora. Muchas personas se marchan por razones ajenas a tu intervención. Conviene tenerlo en cuenta para no "deprimirte" si ves a parte del público levantarse.

En este tipo de eventos formativos, si te toca la intervención inaugural, te salvas de la pérdida de tiempo, sino conforme avanza la jornada, los intervinientes disponen cada vez de menos tiempo por las pérdidas acumuladas. Mi consejo es, con toda la calma y tranquilidad posible, exponer lo que el tiempo te permite realmente, centrarte en las conclusiones y dar las gracias sin mencionar la falta de tiempo.

Otro aspecto a tener en cuenta en este tipo de eventos, es el posible solapamiento de temas entre los conferenciantes, conviene asegurarnos que la organización transmita la información necesaria entre conferenciantes para que eso no tenga lugar, que no veamos como parte de nuestra intervención la está exponiendo el conferenciante anterior.

3. OBJETIVOS DE LA FORMACIÓN

Las dos preguntas de partida de este apartado son: "**¿Para qué organizamos esta actividad?**", "**¿qué queremos conseguir mediante esta actividad?**",

Los objetivos nos deben dibujar el horizonte, la dirección donde nos queremos dirigir y los resultados concretos que queremos alcanzar.

En los objetivos se puede distinguir entre:

▶ **Objetivos finales** (lo que se quiere conseguir) para los alumnos y para el formador. Los objetivos para los alumnos deberán estar formulados en términos de qué adquirirán ellos en cuanto a conocimientos, habilidades y actitudes.

▶ **Objetivos de proceso** (cómo se quiere conseguir) para los alumnos, y para el formador.

Los objetivos se dividen entre:

▶ **Objetivos generales** (Para qué se quiere conseguir): aclaran la finalidad de nuestra acción formativa, dibujan los resultados globales NO MEDIBLES que queremos conseguir. Pueden ceñirse a los beneficiarios directos de la formación: alumnado y entidad. Pueden abarcar los indirectos como los beneficiarios de las futuras acciones del alumnado o de la entidad. Incluso pueden hacer referencia a beneficios de carácter social, laboral, económico, de salud, medio ambiente, etc. Los objetivos generales son un *meta-resultado*, es lo que se consigue al alcanzar todos los objetivos específicos.

▶ **Objetivos específicos** (Qué se quiere conseguir): hacen referencia a los resultados concretos de la acción formativa, deben concretar y precisar los aprendizajes de conocimientos, habilidades y actitudes que se pretenden alcanzar.

Como indica su denominación tienen que ser específicos, concretos y medibles. Si un objetivo específico no es medible, entonces es un objetivo general y viceversa.

Los objetivos específicos pueden ser medibles de manera cuantitativa haciendo referencia a porcentajes de mejora, de reducción de algún aspecto negativo, o haciendo referencia a cantidades y, pueden también ser medibles de manera cualitativa.

Para que los objetivos sean alcanzable, deben reunir las siguientes características:

- **Expresados en términos positivos:** procurar, siempre que se pueda, formularlos en positivo. A veces, para algunos objetivos, hablamos de la reducción de..., la disminución de..., Es preferible expresarlos en términos positivos porque esta formulación es más atractiva, más motivadora, más movilizadora que una formulación negativa. "Mejorar, aumentar, fomentar, etc." tienen un impacto distinto que "reducir, dejar de, abandonar, etc.".

- **Dependen del formador:** la consecución de los objetivos de la acción formativa deben depender, única y exclusivamente del formador. Un objetivo que depende de terceros será difícil de conseguir o de ejercer mayor control sobre él.

- **Alcanzables:** sino es alcanzable puede servirnos como utopía, como horizonte o sueño motivador. No obstante a la hora de formular los objetivos específicos conviene centrarnos en lo alcanzable, realizable y viable.

- **Específicos:** tienen que hacer referencia a aspectos concretos del aprendizaje, a unos conocimientos, habilidades y actitudes concretas y en unas medidas concretas.

- **Medibles:** se tienen que poder medir a nivel cuantitativo, cualitativo, o ambos.

- **Evaluables:** nos deben permitir comprobar que se hayan conseguido o no y, si lo han hecho, en qué grado o medida. Gracias a la evaluabilidad podemos saber si nuestra acción formativa ha conseguido los resultados pretendidos.

4. EL CONTENIDO DE LA FORMACIÓN

La pregunta de partida es: "**¿Qué vamos a trabajar, hacer o transmitir?**".

El contenido debe permitir la consecución de los objetivos específicos bien formulados, como hemos visto en el apartado anterior.

El formador debe preguntarse respecto a cada objetivo: ¿qué contenidos teóricos, y/o prácticos, qué destrezas y habilidades y, tal vez qué actitudes debo transmitir, trabajar, enseñar para conseguir este objetivo? En función del carácter de los objetivos, el contenido puede ser meramente teórico, teórico-práctico, o totalmente práctico.

Definido el contenido correspondiente a cada objetivo, procederemos a organizarlo en unidades o apartados. Si la acción formativa es de un tiempo reducido (1 a 5 horas por ejemplo), será suficiente organizarlo en apartados y puntos principales. Si el tiempo previsto para la acción es superior a 10 horas, podemos organizarlo en unidades didácticas y cada unidad desglosada en aparatados-puntos principales. Si la duración es superior por ejemplo a las 30 horas, podemos organizarlo en bloque, que se dividen en unidades, que se dividen a su vez en apartados.

A veces ocurre que a la hora de estructurar o elaborar el contenido, nos damos cuenta que hay un contenido interesante que podemos incluir y que no corresponde a ningún objetivo. Sencillamente, podemos volver a los objetivos específicos y añadir uno o más que reflejen este contenido.

También puede ocurrir lo contrario: que tengamos un objetivo específico que figura entre el conjunto formulado en el apartado anterior y que no encontramos un contenido que permita su logro, o que dicho contenido está ya incluido en otra unidad. En este caso, podemos regresar al apartado de objetivos y eliminar dicho objetivo.

Insisto aquí, el contenido y las unidades que le estructuran deben estar conectados con los objetivos específicos, reflejarlos y permitir su consecución. Esta coherencia y concordancia es primordial.

Esta coherencia debe darse también entre las propias unidades de contenido que deben estar relacionadas entre sí y que sigan un orden para que el alumno tenga clara la lógica de la formación, el hilo conductor que le permita construir su aprendizaje con más facilidad y evitar que el contenido parezca una "ristra de chorizos".

El formador procede a desglosar el contenido en apartados o unidades, que en su totalidad deben garantizar el cumplimiento de los objetivos establecidos anteriormente y define los elementos principales de cada unidad.

Definidas las unidades, la tarea siguiente es elaborar y desarrollar su contenido. En caso de estar familiarizado con la materia, aconsejo empezar por los propios conocimientos sobre el tema y elaborar las distintas unidades. Si no es suficiente puede documentarse más, consultar otros materiales y autores de referencia en la materia y completar la elaboración de contenidos.

En caso que el tema sea nuevo para el formador y, estando dentro de su especialidad, puede empezar por búsquedas bibliográficas, lecturas, reflexiones y más tarde proceder a la elaboración de contenidos.

Sea cual sea el caso, el formador debe limitarse a preparar contenidos ajustados al tiempo disponible no cayendo en el "vicio" habitual de preparar más temario que el tiempo permite. Se comete habitualmente por las dificultades de calcular con exactitud el tiempo que se tarda en impartir un contenido y por miedo a quedarse cortos.

5. METODOLOGÍA DE LA FORAMCIÓN

La pregunta de partida es: "**¿Cómo vamos a transmitir, trabajar el contenido?**".

Teniendo en cuenta los objetivos específicos y las características del grupo, vamos a coger unidad por unidad y vamos a preguntarnos: ¿cuáles son las maneras más eficientes para transmitir este contenido a este grupo, en este espacio-tiempo, en este lugar?

Vamos a realizar la misma pregunta con cada apartado de cada unidad: ¿Cómo puede este grupo con este nivel de familiarización con esta materia, adquirir estos conocimientos y dominar estas habilidades de la manera más eficiente posible?

¿Qué estructura metodológica se presta mejor a cada unidad o cada apartado? ¿Qué ejercicios me pueden permitir un aprendizaje eficaz? ¿Qué técnicas didácticas puedo utilizar para cada apartado?

Vemos a continuación unas recomendaciones sobre el diseño de estructura metodológica y de diseño de ejercicio. Las técnicas didácticas están en el último capítulo sobre recursos:

A. Diseño de la estructura formativa

Debe integrar varias estructuras. Si se basase solamente en una única, estaríamos ante una estructura limitada que permite solo un tipo de aprendizaje y que favorecerá solamente a una parte del alumnado.

Quiero advertir, para evitar la confusión, que le otorgamos a la estructura el nombre de una técnica didáctica, al ser ésta el armazón de la primera.

Y manteniendo la lógica seguida hasta ahora, a cada unidad didáctica le convendría una estructura formativa y no tenemos porque utilizar la misma para toda la acción formativa.

También señalar que, salvo la estructura basada en exposición, las demás requieren ser completadas por elementos de otras. Es impensable hacer un role playing y no completarlo por un debate grupal, o una exposición por parte del formador.

Hechas las aclaraciones pertinentes veamos las estructuras:

▶ **Estructura basada en exposición (*conferencia*)**: es la estructura que se utiliza con más frecuencia, sobre todo delante de grupos grandes, como en jornadas y congresos dónde el número de alumnos dificulta plantear los ejercicios.

También es idónea para las sesiones de corta duración donde el tiempo no permite plantear ejercicios y para aquellos contenidos teóricos donde se transmite información, datos, cifras, etc.

El formador, ponente en este caso, realiza una exposición verbal delante de un grupo, o un auditorio numeroso, durante un tiempo limitado a unos minutos, o más de una hora.

El éxito en este caso está basado, por un lado, en que siga un orden lógico de introducción, tema central y conclusiones; y por el otro, en el buen uso de las habilidades de presentación.

▶ **Estructura basada en ejercicios de interpretación** (*role playing*): es idónea para el aprendizaje de habilidades. Se recrea una situación de simulacro parecida a la real y se procede a realizar la práctica.

▶ **Estructura basada en el estudio de casos**: se basa en el estudio de casos prácticos o ilustrativos relacionados con la materia. Idónea para mejorar la capacidades resolutivas del alumnado en prácticas y permite preparar el alumnado para un campo aún sin dominar. Ayuda al alumnado con experiencia a solventar los problemas de la práctica profesional aportando soluciones a aquellos casos que más dificultades les presentan.

▶ **Estructura basada en el debate grupal**: el debate se puede utilizar como estructura de base de la formación, genera un intercambio libre de conocimientos, experiencias, ideas, preguntas y respuestas entre el formador y el grupo. Es idóneo para grupos con dominio de la materia y un nivel de madurez intelectual elevado.

B. Diseño de los ejercicios

Para las unidades de carácter práctico que consisten en aprender técnicas y habilidades, en mejorar destrezas en el manejo de aparatos y situaciones; los ejercicios son idóneos para su adquisición.

Existen tres tipos de ejercicio-actividad para el aprendizaje:

▶ **Ejercicios de exploración:** le permiten al alumnado tener experiencias espontáneas, desligadas y descontaminadas de experiencias conscientes. Podemos colocar al alumno en un contexto distinto al conocido y controlado por él pidiéndole que actué siguiendo su propio criterio. Podemos ponerle frente a una situación no vista anteriormente o una materia nueva; y le solicitamos que realice una intervención sin muchas indicaciones y sin definirle con exactitud el objetivo.

▶ **Ejercicios de aplicación:** permiten al alumnado desarrollar unas determinadas acciones con evidencias e instrucciones de ejecución, aclaradas antes del comienzo del ejercicio. Se pueden englobar en esta categoría, ejercicios de aplicación de técnicas, de ejecución de protocolo, etc.

▶ **Ejercicios de evaluación:** permiten evaluar el nivel de competencia del alumno mediante la ejecución de determinadas actividades. Se deben realizar al comienzo para ver el nivel competencial de partida del alumno y se pueden plantear al final de la formación para comprobar el nivel competencial adquirido gracias a la formación. Como ejemplo, los ejercicios de Reanimación Cardiovascular tanto básica como avanzada.

Existen varios niveles para el diseño de los ejercicios:

▶ **Ejercicios para el grupo:** enfocados al grupo en su totalidad, todos los miembros participan al mismo tiempo realizando el ejercicio individualmente.

▶ **Ejercicios para subgrupos:** diseñados para pequeños grupos de 3 a 6 personas. Como ejemplo los ejercicios de entrenamiento sobre habilidades, en los que los miembros del grupo reparten los papeles de profesional, cliente, observador y/o ayudante del profesional.

▶ **Ejercicios interpersonales:** de 2 hasta 3 personas. Pueden realizarse en pareja solamente, entonces las dos personas hacen los dos papeles de profesional y cliente por ejemplo. Pueden realizarse con la presencia de un observador y serían: profesional, cliente, observador. Los tres realizan los tres papeles. Este tipo de ejercicio garantiza la participación de todos los miembros del grupo, resultan idóneos para aquellos temas que requieren mayor intimidad. Favorecen también a las personas con dificultades para hablar en público y participar en el grupo grande.

6. EVALUACION DE LA FORMACIÓN

La pregunta de partida es: "**¿Cómo sabremos que hemos conseguido los objetivos?**".

En este apartado vamos a prever los tipos de evaluación que realizaremos cuando toque su momento. Como mínimo debemos prever la evaluación del aprendizaje, la evaluación del alumnado a la acción formativa y la del formador a la misma. Igualmente podemos ir más allá y plantearnos una evaluación de la transferencia y del impacto.

Una vez decididos los tipos de evaluación a realizar, tendremos que fijar los criterios y los indicadores que vamos a seguir para comprobar si los objetivos se han conseguido.

El siguiente paso sería confeccionar los instrumentos para realizar estas evaluaciones. Por ejemplo, para el aprendizaje, pueden ser pruebas escritas (test o pruebas de desarrollo) y plantillas de observación para ejercicios y prácticas.

Para la evaluación de la formación, tanto la que debe realizar el alumnado como el formador, se pueden confeccionar cuestionarios que recojan los apartados a evaluar. Lo mismo podemos hacer con la evaluación de la transferencia y del impacto.

7. POSIBLES DIFICULTADES Y POSIBLES SOLU-CIONES

Aunque lo añadimos como un apartado del diseño, no se puede considerar como tal. Responde a la necesidad de prever soluciones para lo que podría salir "mal" y, tener un "as en la manga" por si ocurre.

Pensar en los problemas de cierto calado, los que pueden ocurrir realmente, disponer de una o varias soluciones por si se diese el caso. No conviene obsesionarse con ello y dedicarle más tiempo de la cuenta porque nos puede disparar la preocupación. Y si ésta es excesiva, puede derivar en ansiedad, entonces tenemos un problema real. Una ansiedad disparada y todavía no hemos empezado la formación.

En el siguiente capítulo hay un apartado dedicado a las situaciones difíciles en la formación. En él he resumido las más importantes y con las que más me he encontrado en casi dos décadas de dedicación a la formación.

DESARROLLO DE LA FORMACIÓN

Un grupo forma una idea del formador

en los primeros 10 segundos

El buen diseño es el primer paso, sin ello no puede haber una buena obra. No obstante, sin una buena ejecución del plan, la obra queda incompleta. Ambos son complementarios como en el caso de la arquitectura y la ejecución de obra. El trabajo de un buen arquitecto requiere de buenos obreros si no, todo quedaría en un papel mojado y el trabajo de excelentes obreros no puede borrar las huellas de un diseño defectuoso. Insisto aquí sobre la importancia del equilibrio entre la planificación y la ejecución, no podemos escatimar esfuerzo o calidad en ninguno de ellos.

Llegados a este momento, el formador debe ponerse el "traje" de ejecutor, artesano o artista. Completar el trabajo que empezó en solitario sobre el papel, salir al escenario para llevar la obra a cabo con el grupo.

Siguiendo con el símil de la obra, el formador tendrá que hacer buen uso de sus herramientas, ponerlas en acción. Sacarle el máximo provecho para la implantación de la formación, cohesionar el grupo, conducirlo para conseguir los objetivos previstos de la manera más eficiente.

1. HABILIDADES DEL FORMADOR EN ACCIÓN

▶ **La apariencia:** no es una habilidad en sí misma, sino un aspecto que potencia el resto de las habilidades. Con la apariencia nos referimos al aspecto físico-fisiológico. El formador debe reflejar serenidad, seguridad y calma. No debe reflejar agobio, prisas, cohibición e inseguridad. Una postura erguida del cuerpo, un contacto visual con el público, un uso armonioso de las manos, una respiración diafragmática; trasmiten seguridad. La vestimenta tiene un papel destacado en cuanto a la apariencia, conviene que esté acorde con la cultura del grupo, de la organización y del contexto. Además de cómoda, la ropa debe estar adecuada a la hora, al clima y a los gustos del propio formador. Aconsejable un calzado cómodo, sobre todo, si la formación duraría muchas horas y hay que estar de pie. Del mismo modo, una ropa que no esté muy apretada, para evitar incomodidades. Y para evitar ciertas sorpresas ingratas, si impartimos la formación en otra provincia, asegurarse de saber la temperatura, incluso preguntar si el aire acondicionado es regulable o central.

▶ **El dominio de la comunicación:** de sus tres aspectos la corporal, la para-verbal (voz), y la verbal. Un buen formador logra una comunicación congruente, en la que los gestos no contradicen las palabras, en la que los tres aspectos de la comunicación se refuerzan entre sí y en la que el mensaje resultante llega a todos los miembros del grupo. Un buen comunicador desarrolla una comunicación de impacto que despierta el interés del grupo por la materia, que mantiene la atención y aumenta la implicación a lo largo del proceso.

▶ **El contacto visual:** es una muestra de interés hacia cada participante, una forma de mantener su atención y un medio para establecer la sintonía con el grupo. Es más fácil mantener el contacto visual con todo el grupo cuando su tamaño es pequeño, cuando las sillas están colocadas en círculo. Sin embargo en un grupo grande es difícil mantenerlo más allá de las personas que ocupan las primeras filas. Desaconsejado cerrar los ojos en cada parpadeo, mirar arriba o al lado durante la presentación. También es desaconsejado mantener el contacto visual excesivo con pocas personas del grupo porque pueden sentirse molestas, que el grupo lo interprete como favoritismo o fijación.

▶ **La postura:** evita estar sentado todo el tiempo, si no queda más remedio, hazlo lo mínimo posible porque comunicamos solamente con una parte del cuerpo, porque desaprovechamos el movimiento en el espacio-aula, porque no podemos acercarnos a un miembro del grupo en un momento determinado. Si las sillas de la sala están en fila y la silla-mesa del formador está al mismo nivel y éste está sentado todo el rato, entonces el contacto visual será más difícil. Estando de pie conviene mantener una postura erguida que da impresión de serenidad sin caer en posturas que revelan prepotencia. Equilibrar el peso sobre ambos pie y evitar el balanceo porque termina distrayendo al público.

▶ **Los gestos inconscientes:** todo el mundo tiene gestos naturales que reflejan su "nerviosismo": tocar el suelo con la punta del pie de manera repetida, juguetear con un mechón de pelo, rascarse excesiva y retiradamente un lugar del cuerpo. Estos gestos, que en la vida diaria no tienen importancia, le restan calidad a la presentación. Conviene tomar consciencia de ellos e ir controlándolos poco a poco hasta conseguir eliminarlos del todo.

▶ **El manejo del espacio:** la sala, el aula o el salón de actos son el escenario de la presentación y hay que ocuparlo, manejarlo independientemente de su tipo y tamaño. Si el formador se queda estático detrás de una mesa o un atril, pronunciando el discurso, pierde impacto. El espacio le permite manejar la cercanía y la lejanía de un modo beneficio para la formación. Puede alejarse de la zona centro, acercarse a un miembro del grupo para captar su atención, para dar sensación de cercanía o para marcar la firmeza.

▶ **La voz:** da más energía a la presentación, despierta y mantiene el interés del público. Una voz con buena proyección necesita una respiración diafragmática o abdominal, al contrario una respiración rápida limita la extensión y el poder de la voz. Acorde con el contenido, podemos alternar rapidez y lentitud de la voz. Las pausas sirven para ordenar los propios pensamientos, para crear efectos en el publico elevando el tono al final de la frase antes de la pausa (efecto pregunta), bajándolo (efecto orden), manteniéndolo (efecto afirmación).

▶ **El vocabulario:** tiene que ser rico y variado, escogido cuidadosamente para transmitir las ideas de la presentación. Que combine las modalidades visual, auditiva, y kinestésica para responder a las distintas preferencias de los miembros del grupo.

• Evitar la jerga salvo que todo el grupo sea de la misma especialidad y que la presentación requiere el uso de términos técnicos. Puedes hacer caso omiso a este consejo cuando estés frente a compañeros sanitarios.

- Evitar el uso de las muletillas "ahh..., vamos a ver..., no es eso..., muy bien, etc.", sustituirlas por frases claras o pausas.

- Utilizar el humor verbal puntualmente, al inicio de la formación (primeros diez minutos), cuando el grupo está cansado, antes o después de las pausas, después de un momento de tensión y de mayor esfuerzo.

2. CUESTIONES DE INICIO

▶ **La puntualidad:** aconsejable que el formador llegue al lugar de la formación 15-20 minutos antes para revisar el aula, solucionar cualquier imprevisto, preparar los medios audiovisuales y esperar a los alumnos relajadamente. Dependiendo de la cultura de puntualidad de la organización, la zona, o el grupo; el formador puede empezar a la hora prevista o dejar pasar unos 10 minutos de cortesía. En este caso ha de prever temas de interés para aquellos miembros del grupo que han sido puntuales. Es una forma de premiar los puntuales y una manera sutil de dar un toque a los que llegan tarde ya que encuentran al grupo conversando.

▶ **Aspectos prácticos-organizativos:** al comienzo de la primera sesión conviene abordar las cuestiones de logística y organización: duración, horario, pausas, lugar de tomar café y de fumar, asistencia, faltas permitidas, distintos responsables de la formación, el uso del móvil, cuestiones de certificados, permisos para grabaciones, etc. Pedir al grupo que plantee las dificultades que tiene. Aconsejable separar las cuestiones de grupo, de las cuestiones personales. Si alguien plantea un tema personal como si fuese del grupo, se le puede decir que se abordará a solas.

▶ **Presentación inicial:** después de abordar las cuestiones prácticas, pedir a los miembros del grupo que se presenten. La presentación puede limitarse al nombre solamente, o puede ampliarse al cargo, o puesto de trabajo, a la motivación de apuntarse y a las expectativas que se tienen del curso. Este paso lo omitimos cuando se trata de una sesión clínica, un grupo de residentes con quien estamos en contacto continuamente o frente a un grupo excesivamente numeroso como en una jornada.

▶ **Los nombres del grupo:** si el grupo no es muy numeroso, conviene que el formador desarrolle estrategias de recordar los nombres y a partir de ese momento dirigirse a cada uno con su nombre. Si el grupo es numeroso, pedirles escribir los nombres en unas cartulinas y tenerlas delante de ellos. Recordar los nombres y llamar a las personas por sus nombres ayuda a aumentar la sintonía con los miembros del grupo.

▶ **La introducción**: si el formador no se ha presentado, o no lo han presentado antes de abordar los aspectos prácticos, puede aprovechar este momento para hacerlo, relacionándolo con el tema del curso. Puede recordar el temario del curso, la experiencia previa con el tema del curso, ya sea formativa o laboral.

3. EL NUCLEO DE LA FORMACIÓN

En el desarrollo de la formación podemos seguir una estructura o combinar varias de las vistas en el apartado de metodología. Vuelvo a insistir que en la diversidad está la virtud.

A. Desarrollo basado en exposición

▶ **Una exposición y turno de preguntas:** acuérdate de las recomendaciones que hemos hecho respecto a los componentes para-verbales y verbales que deben acompañar la exposición para mantener la atención del público.

Si la exposición es larga (2 horas), conviene auto-interrumpirse, hacer un turno de preguntas a mitad de la exposición y, no esperar hasta el final. De esta manera se mantiene la atención. El alumnado plantea las preguntas antes de olvidarlas y, sobre todo, la exposición no resulta "pesada".

Si el público tiene un nivel de estudios básico, o que no está acostumbrado a las exposiciones y conferencias, puede que nos vayan planteando sus dudas sobre la marcha sin dejarnos desarrollar cuatro ideas seguidas. En este caso anunciar que, cada 10-15 minutos, habrá un momento para las preguntas y, que las apunten o que se acuerden de ellas. Al abrir el turno de palabra, acuérdate de darle la palabra primero a la persona que te ha interrumpido antes.

Si tu previsión del tiempo ha sido un poco "feliz" y no puedes acabar tu exposición, es preferible que dejes un tiempo para el intercambio con el grupo en lugar de terminar hasta el último renglón de la exposición.

▶ **Exposición precedida por preguntas:** es una variante que se puede utilizar con grupos pequeños que disponen de ciertos conocimientos teóricos o prácticos sobre el tema. En este caso el formador plantea las preguntas preparadas de ante mano, una tras otra, para hacer aflorar los conocimientos del grupo sobre el tema generando una interacción entre los miembros del grupo y finalizando con su exposición. El grupo cobra un mayor protagonismo, la exposición es más flexible y adaptable a lo que se ha visto en el intercambio previo. Por tanto se puede saltar algunos apartados de la exposición o pararse más tiempo en otros.

B. Desarrollo basado en ejercicios

Son el mejor medio para el aprendizaje de habilidades y técnicas. Si tu sesión, o parte de ella, se adaptan mejor a los ejercicios, ten en cuenta lo siguiente:

▶ Una definición de los papeles del ejercicio. Los habituales son tres: profesional/entrevistador/guía, usuario/entrevistado/guiado, y un observador.

▶ Una estimación de tiempo entre 5 – 10 minutos. En caso que el ejercicio sea largo o muy largo, dividirlo en apartados y realizar cada uno hasta dominarlo y al final realizarlo de una vez.

▶ Una explicación para encuadrar el ejercicio: ¿Por qué se va hacer? ¿Qué fundamentos tiene? ¿Qué utilidad tiene? ¿Cómo realizarlo y en qué consiste? Su conexión con lo visto anteriormente y lo que se verá después. Se puede dar una breve explicación al inicio dejando el resto hasta el final, si lo que pretendemos es que el alumnado aplique su intuición y conocimientos previos.

▶ Si el formador quiere enseñar unas formas novedosas o depuradas de hacer una práctica, conviene que realice una demostración con un voluntario para que los alumnos vean la ejecución de los pasos. Después de la demostración, conviene apuntar los pasos del ejercicio en el portafolios, o repartir un esquema con los pasos.

▶ Prescindir de la demostración al inicio en el caso que el formador quiera que los alumnos exploren la experiencia sin condicionamiento previo y que los errores afloren para corregirlos después enseñando las formas adecuadas haciendo demostración entonces.

▶ Supervisar la marcha del ejercicio interviniendo, si alguien pide ayuda, si alguien está atascado o si hay señales de alejamiento de las consignas. Terminar el ejercicio con un espacio de preguntas, comentarios y observaciones. Finalizar realizando una proyección del ejercicio al entorno laboral de los alumnos.

C. Desarrollo basado en trabajo de grupo

Es ideal para la formación de carácter analítico, de recogida de información del alumnado, para aquella formación que pretende alcanzar el consenso de un grupo sobre un tema y terminar con conclusiones concretas.

El formador debe tener definido, de antemano, los puntos a tratar, la metodología de trabajo y las técnicas de trabajo en grupo. Confecciona los grupos de trabajo procurando la heterogeneidad en cada grupo.

Según el tema de trabajo y las técnicas elegidas, puede repartir los distintos apartados sobre los distintos grupos. Por ejemplo, en la realización de un DAFO se reparten los cuatro apartados entre cuatro grupos.

El formador da las consignas de trabajo, el reparto de papeles en cada grupo, el tiempo y supervisa la marcha del trabajo. El formador puede realizar sus aportaciones en la puesta en común. La síntesis final del trabajo debe ser redactada y entregada más adelante al grupo.

D. Desarrollo basado en estudio de casos

El formador introduce al tema con una explicación que sitúa los múltiples aspectos o vertientes del mismo. Los casos los puede tener preparados y seleccionados en función de los temas que se quiere trabajar. Si el grupo tiene suficiente experiencias que le permita disponer de casos, el formador puede dividir el grupo en subgrupos (máximo 6 personas) y pedirles que redacten un caso de su práctica profesional. En este supuesto, el formador debe dar las consignas para la redacción del caso.

Una vez que los subgrupos tengan sus casos, sean de elaboración propia o facilitados por el formador, proceden a su estudio siguiendo las indicaciones del formador. Según el tiempo disponible conviene que cada subgrupo se dedique a analizar un caso solamente.

Cada subgrupo expone sus conclusiones ante el grupo grande, el resto planteará sus dudas, sus aportaciones y otras alternativas de abordaje. El formador interviene cuando sea necesario para moderar, para reencuadrar los temas y para realizar sus aportaciones.

E. Desarrollo basado en debate grupal

El debate grupal genera un libre intercambio de conocimientos, experiencias, ideas, preguntas y respuestas entre el formador y el grupo. El formador debe tener claros los objetivos y velar por su consecución, porque este tipo de formato tiene los riesgos de no profundizar y quedarse en las superficialidades; de consumir mucho tiempo y no abordar todas las cuestiones, de derivar en conflictos de opiniones entre los miembros de grupo.

El formador puede optar por ser mero moderador, controlando los tiempos, animando a la participación y dando su opinión al final. O puede optar por mayor protagonismo en aras de un mayor control, pidiendo a los participantes que se dirijan a él cuando hagan uso de la palabra y racionalizando su uso entre aquellos que más se extienden.

4. LOS CIERRES

El cierre de la formación es tan importante como su comienzo, al ser lo más recordado y al dejar un sabor que se puede generalizar a toda la formación. A menudo se deja al final la tarea de complementación de cuestionarios de evaluación. Conviene hacerlo un poco antes del final, por ejemplo, después de la última pausa de la última sesión.

Cuando el temario es largo, o progresivamente complejo, conviene reducir el temario, incluso renunciar a esta parte compleja para no caer en el riesgo de dejarla a medias. Conviene evitar que los alumnos terminen el curso con la sensación de que le falta una parte. Si alguna parte del temario trata de algo desagradable, no conviene finalizar con ella y, dedicar el final a algo más agradable.

La parte final de la formación se puede reservar para:

▶ Hacer un resumen del temario trabajado, volviendo sobre algún aspecto o respondiendo a alguna que otra pregunta que puede surgir al final.

▶ Generar un impacto emocional positivo, resaltando el interés, la implicación del grupo, motivando al grupo para la práctica de lo aprendido.

▶ Ritual de clausura: puede ser unas palabras de agradecimiento por el interés y la dedicación sin más, pedir al grupo que se despida con una palabra que resuma su sensación del curso, realizar una sesión de relajación, efectuar algún ejercicio de despedida.

5. SITUACIONES DIFÍCILES EN LA FORMACIÓN

Una formación sin dificultad es un aburrimiento y, otra plagada de ellas es un "calvario". En la primera, el formador no logrará un crecimiento; en la segunda estará agotado, incluso puede llegar a tirar la toalla.

Son situaciones en las que miembros del grupo, interactuando entre ellos o con el formador, generan dificultades que este debe gestionar adecuadamente, si quiere mantener un clima grupal positivo y un nivel de aprendizaje óptimo.

En ocasiones estas situaciones son debidas a cuestiones organizativas, en otras son generadas por lo que el formador no ha previsto o ha desencadenado él mismo por su forma de impartir la formación y de conducir al grupo.

Veremos a continuación una serie de recomendaciones y pautas para abordarlas:

Estado de recursos: el formador se mantiene constantemente en un pleno estado de recursos, está relajado y atento, presta atención a todos los miembros del grupo sin fijación en nadie, controla los prejuicios y apriorismos heredados de otras experiencias "este tienen pinta de...", "a ver ahora por dónde me puede salir el listillo de turno...", etc.

Resistencias: el formador previene las resistencias del grupo procurando no usar un tono tajante, no abusar de los verbos modales de obligación "tener que, deber, es obligatorio, es imprescindible...", no utilizar en exceso las formulaciones negativas del lenguaje "no se preocupen, no van a tener problema con esta parte...". También procura no caer en las provocaciones "¿alguien tiene alguna objeción?", en afrontar sus creencias con las del grupo y de no meterse rápidamente en discusiones estériles.

Además de estas resistencias, el formador puede encontrarse con otras cuando propone un cambio en los procedimientos de trabajo y hay personas que lo rechazan en primer lugar porque requiere de ellas esfuerzo, porque están más cómodos con el procedimiento actual o porque no le ven suficiente utilidad al cambio.

Ejemplo de respuesta: primero intentar aislar la resistencia principal, averiguar la razón de peso y después debatirla de manera objetiva. Dar datos sobre los beneficios y los perjuicios del NO cambio, dar ejemplos donde ha funcionado, donde ha sido aplicado o experimentado con éxito. En caso de que la parte resistente del grupo no atiende a razones documentadas, puedes responder con algo así: "aun teniendo estas objeciones, les invito a probar y ver qué resultado puede dar", "con todos los datos que he aportado, las personas que no lo ven claro, pueden seguir con el procedimiento habitual y las personas que lo ven viable por favor que lo apliquen y que me comenten los resultados conseguidos en un email a mi correo electrónico. Y ahora vamos a ver otro tema."

Discusiones: distinguirlas del debate, el formador introduce al debate con preguntas abiertas orientativas, que permiten al grupo expresar distintos puntos de vista sobre el tema. El formador puede evitar polemizar con un miembro del grupo para no dejarse arrastrar en una discusión estéril, porque tanto si gana como si pierde, la discusión es negativa para la formación.

Ejemplo de respuesta: para la persona que polemiza y que se recrea en la discusión, tanto con otros miembros del grupo como con el formador: "esa es una manera de ver el tema, también hay otras".

Cuestionamiento de la credibilidad del formador: si una persona te cuestiona, explícita o implícitamente, no te defiendas, no intentes justificar el por qué te han elegido a ti. Si esto ocurre al inicio de la sesión, es importante que lo atajes en cuanto antes para que no vaya a más.

Ejemplo de respuesta: *"tienes derecho a preferir otro tipo de formador, puedes comunicar tu opinión a la organización y ahora vamos a ver el punto tal [cambiar de tema]".* Importante no dejar más margen de réplica, seguir la sesión como se no hubiera pasado nada y tratar a dicha persona como uno más del grupo. En caso que la persona en cuestión siga en sus trece y quiera implicar a otros del grupo o buscar su complicidad, puedes plantearte lo siguiente: *"tomate un momento y piensa realmente si te conviene seguir una formación dirigida por alguien que crees no es el idóneo y por favor deja el resto del grupo al margen".*

Cuestionamiento de la credibilidad o validez del material: una persona cuestiona la validez y la credibilidad del material continuamente. A veces este tipo de cuestionamiento es una resistencia camuflada a un material que conlleva un cambio.

Ejemplo de respuesta: "está bien cierto escepticismo, te invito a comprender y a aplicarlo, si no te funciona, entonces ya puedes rechazarlo", "si estás seguro de que lo que estamos viendo no le sirve para nada, conviene que te replantees tu asistencia al curso".

Interrupciones continuas: las hay de quien le cuesta esperar hasta que el formador termine, las de quien asiente con la cabeza y dice lo mismo que el formador, las de quien lo hace de manera agresiva para transmitir su opinión, las de quien puede tener razones extra-formación (conflicto anterior con el formador, con alguien del grupo, con la organización).

Ejemplo de respuesta: "responderé encantado a vuestras preguntas y daré tiempo para vuestros comentarios, por favor guardarlos hasta el momento", "por favor, entiende que tus interrupciones dificultan el aprendizaje de los demás".

A veces puede ser conveniente abordar a la persona, que sospechamos que tenga razones extra-formación en la pausa. Aclarar con ella que el espacio de formación no está para ajustar cuentas con alguien de la organización o un compañero del grupo.

Si el formador intuye que este grupo, por las características que tiene, va a tener más interrupciones de lo normal, puede aclararlo al inicio de la sesión y repetirlo cuando se incremente.

Auto-nombramiento como representante del grupo: personas que toman la representatividad del grupo completo, o de algunos en concreto. "estamos pensando que es mejor...".

Ejemplo de respuesta: "por favor habla solamente de lo que piensas, los demás lo pueden hacer por ellos mismos", "cada uno es responsable de sí mismo, cuida de sí mismo y es portavoz de sí mismo".

Perturbación continua: persona que se la ingenia para perturbar continuamente, llega tarde y se pone a preguntar al compañero, discute sobre el grado de climatización del aula, molesto con la silla o la luz de la ventana, conversa y perturba a las personas de al lado, se pone a contestar el móvil o a mandar mensajes.

Ejemplo de respuesta: no esperes demasiado, no caigas en la ingenuidad de que se dará cuenta que está molestando, o se le pasará dentro de un rato. Es mejor abordarlo en la primera pausa, pedirle cambio de comportamiento. Si lo hacemos en clase, delante del grupo, que sea con firmeza: "mi trabajo es velar por crear un clima dónde el grupo aprende, tus interrupciones me impiden hacer mi trabajo, impiden al grupo conseguir su objetivo, quiero un cambio de actitud ya". Como habitualmente este tipo de personas contesta "echando balones fuera", no le dejes más margen para la réplica. "Me he explicado bien, te ha quedado claro, no voy a debatir contigo nada, voy a seguir y quiero otra actitud por tu parte".

Burla de los compañeros: personas que muestran poco respeto a los puntos de vista de los compañeros, infravalorándolos, burlándose, haciendo de ellos temas de humor. Pueden ocurrir dos cosas: (a) que la víctima se defienda atacando y tenemos un especie de ring y "dale que te pego" continuamente que termina afectando al resto del grupo. (b) Que la víctima se inhiba de realizar más comentarios adoptando una postura pasiva. En este caso hemos perdido la válida participación de un miembro del grupo.

Ejemplo de respuesta: "pido respeto total a las opiniones de los demás, tienes derecho a no estar de acuerdo, no tienes derecho a hacer humor o burlarte de ninguna persona". Si esta persona intenta justificarse porque los demás le han dicho, o han hecho; o intenta criticarte porque te fijas solamente en ella y, cuando a ella le dicen lo mismo no intervienes: ni te defiendas, ni te justifiques. Simplemente afirmarte en lo mismo: "es una línea roja, quien la traspasa se sitúa fuera del grupo, no hay formación sin respeto".

Oposición sistemática: suelen ser personas con "metaprograma de desacuerdo" si queremos utilizar la terminología de la Programación Neurolingüística. Personas que parten sistemáticamente del desacuerdo para llegar tal vez al acuerdo.

Respecto a lo que el formador expone, trabaja o dice, reacciona pensando primero, ¿dónde no funciona, qué excepciones tiene, qué diferencias tiene al respecto? Y manifiesta estas diferencias, a veces, con un tono desafiante. Como formador debes aceptar que una parte del grupo piensa al inicio en desacuerdo a lo que planteas y, no lo hacen para fastidiarte o porque le has caído mal, simplemente porque son así, lo hacen de manera inconsciente porque su "metaprograma" dominante es el de "desacuerdo".

Al mismo tiempo que son agotadores, son de gran beneficio porque obligan al formador a mejorar su argumentación, a conocer nuevas excepciones, a encontrar nuevas soluciones. A menudo muestran mucha resistencia y desacuerdo antes de pasar al acuerdo total con el formador. Así mejor armarse de mucha paciencia, darles su tiempo cuidando de no otorgarles más espacio que al resto. Digo esto porque a veces, sin darnos cuenta, procuramos convencer a estas personas, las miramos más que el resto, les damos más turno de palabra que el resto y esto suele ser a costa de otros miembros del grupo.

Ejemplo de respuesta:

- "Siempre hay excepciones a las reglas, está bien encontrarlas".
- "En tu opinión lo que acabo de comentar es poco viable, ¿qué harías tú para que funcione?".

Oposición a otras personas del grupo: personas que, en lugar de decir su punto de vista, esperan a que los demás lo hicieran para dedicarse a criticarles. Personas con antecedentes de conflicto en su lugar de trabajo que lo trasladan al espacio del curso en forma de discusiones, polemizando sobre cualquier punto con una persona o varias. Conviene al formador darse cuenta rápidamente, reaccionar para que la sesión no "acabe como el rosario de la aurora". Calibrar si la oposición es personal, quiere decir, que una persona se opone a lo que la otra dice por cuestiones personales o por lo que esta persona representa (categoría, posición jerárquica, servicio, departamento, entidad, etc.).

Ejemplo de respuesta: sea el supuesto que sea, deja como norma el respeto a las opiniones de los demás, cada uno tiene derecho a tener una opinión diferente sin destruir la opinión del otro. Puedes comentar lo siguiente en un tono suave: "es más fácil construir una opinión partiendo de otra, es más difícil construir una partiendo de un planteamiento propio, lo último es más original".

Si la oposición y la tensión son por cuestiones personales, conviene llamar al orden a estas personas en la primera pausa. Incluso se puede hacer antes si el grado de tensión es tan alto que no se puede esperar.

Si es por lo que las personas representan, decirle a la persona atacante que este no es el contexto para reivindicaciones, que siendo razonables y legítimas, esta persona está en la formación como alumno y no como representante de...

Discursos largos e intelectualizados: personas que toman mucho tiempo, abriendo paréntesis dentro de los paréntesis, citando a tal autor o tal teoría, complicando los comentarios y las preguntas. Algunos lo hacen por hábito, o por deformación, otros por destacar en el grupo y por tener más protagonismos.

Ejemplo de respuesta: "¿cuál es tu pregunta exactamente?", "por favor sea breve para que de tiempo al resto a intervenir", "puedes sintetizar lo esencial en 20 palabras".

Comentarios sin relación con el tema: la persona habla de temas que no tienen relación con el curso, tal vez relacionados con otros aspectos del trabajo, con noticias de la actualidad, etc. Si el comentario es breve y, no se repite, se puede dejar pasar. Si es frecuente, entonces conviene afrontar.

Ejemplo de respuesta: "¿cuáles la relación entre nuestro tema y lo que comenta?" Cuidado si lo haces con tono seco, puede sonar a corte, e igualmente la persona no vuelve a intervenir", "dejaré 5 minutos a temas parecidos a este al final de la sesión". Si optas por lo segundo, cumple tu palabra, deja 5 minutos al final, dándole la oportunidad a la persona en cuestión, para hacer su comentario sobre un tema que no tiene nada que ver con la formación. Personalmente suelo hacerlo en los primeros minutos de cortesía al inicio de cada sesión y, después de la pausa. Los miembros del grupo comentan otros temas de actualidad política, climatológica, local; y no lo hacen durante la sesión.

Preguntas difíciles: puede que la persona haya profundizado tanto en el tema que tenga preguntas complicadas, puede que la persona las busca con una intención secundaria de demostrar su nivel, o poner al formador en apuros. Independientemente de la razón, es importante que el formador no se sienta obligado a saberlo todo, a tener respuestas para todo. Acuérdate de la modestia como cualidad del formador.

Ejemplo de respuesta: "no tengo respuesta a tu pregunta", "de momento no te puedo dar una respuesta, intentaré tenerla para la próxima sesión, o te la mandaré por email", "veré lo que te puedo aportar de aquí al final del curso", "¿alguien le puede dar una respuesta al compañero?".

Críticas: son más difíciles de aceptar cuando se hacen al final del curso, cuando se hacen en forma de generalizaciones generando en el grupo una sensación de que nada del curso ha sido fructífero. También cuesta aceptarlas cuando se realizan en unas formas inadecuadas (tono agresivo), cuando apuntan a la identidad personal o profesional del formador, entre otros.

Es importante aceptar que la crítica es necesaria, que es buena para la mejora de la formación y, lo inteligente es dar oportunidad al grupo para realizarla. El momento de la evaluación en directo puede ser idóneo para ello, puesto que el formador pide a los miembros del grupo que verbalicen, si sus expectativas del curso se están cumpliéndose. En caso contrario, preguntar qué aspectos son mejorables (criticables). Esto nos evita la acumulación de las críticas y su "explosión" en el momento inoportuno, nos evita cualquier intento de manipulación por algún miembro del grupo puesto que todos pueden verbalizar sus críticas sin miedo a no ser escuchados o silenciados.

Ejemplo de respuesta: frente a una crítica de un miembro del grupo, realizada delante del resto, escuchar a la persona hasta que termine. Si estás de acuerdo con la crítica, da las gracias y promete tenerlo en cuenta en el futuro. Si puedes mejorar el aspecto criticado, promete el cambio y cumple tu promesa. Si no está en tus manos, deja claras tus limitaciones.

Si no estás de acuerdo, simplemente di que no lo estás, da una argumentación breve y cambia de tema. Si captas que la persona en cuestión quiere llevarlo a réplica y contra réplica, corta por lo sano diciendo por ejemplo: "te he escuchado, has opinado y te he contestado, no estoy de acuerdo. Vamos a seguir con la clase".

EVALUACIÓN DE LA FORMACIÓN

1. FUNCIONES Y TIPOS DE LA EVALUACIÓN

Empezamos este apartado con la pregunta: **¿para qué sirve la evaluación?** Importante saber para tomarnos la molestia de dedicarle tiempo, para elaborar o disponer de pruebas de evaluación y hacerle un hueco en el transcurso de la formación. La evaluación puede tener:

▶ **Una función diagnóstica:** nos puede aportar información respecto al nivel de conocimientos, habilidades y actitudes del alumnado antes del comienzo de la acción formativa. Nos puede facilitar una información valiosa sobre las expectativas y necesidades del alumnado respecto a la acción formativa.

Esta información puede ser obtenida mediante pruebas, cuestionarios cuantitativos y/o cualitativos, así como mediante el diálogo con la totalidad del grupo, o en entrevistas individualizadas.

Obtenida con un procedimiento u otro y, abarcando muchos aspectos u otros, la evaluación diagnóstica puede ser utilizada para introducir las modificaciones necesarias en el programa formativo, en su contenido, en los ejercicios, en el cronograma entre otros.

▶ **Una función formativa:** se pone en marcha una vez esté desarrollando la acción formativa, su finalidad es aportarnos la información necesaria para saber la marcha del alumnado, su grado de comprensión de los contenidos, su grado de dominio de las habilidades y el grado de adquisición de las actitudes previstas.

Aparte de esto, esta evaluación nos puede informar de la motivación del alumnado, su grado de implicación, su nivel de participación, su marcha y ritmos. Estos dos últimos entendidos como parte inherente al proceso de enseñanza-aprendizaje, un proceso con sus dificultades, sus retos, sus altibajos, que conjuntamente formador y alumnado han de realizar la travesía.

Esta evaluación solamente puede tener lugar a lo largo del proceso formativo y no a su final. No puede ser utilizada solamente como prueba de si el alumnado haya conseguido los objetivos o no, sino para utilizar la información que nos aporta para reconducir ciertos aspectos del proceso, para atender la diversidad del alumnado, algunas necesidades especiales y, en definitiva, para descubrir cómo mejorar los progresos del grupo.

▶ **Una función sumativa:** nos aporta la información de una evaluación clásica, nos permite constatar el nivel de adquisición de aprendizaje del alumnado al final de la acción formativa.

En este tipo de evaluación, se pueden utilizar las típicas pruebas clásicas del aprendizaje y se pueden comparar con los objetivos planteados en el programa formativo. También se puede comparar con el nivel de conocimientos que el alumnado tenía al inicio de la acción formativa con el conseguido al final.

En mi experiencia de trabajo con muchos grupos de la misma organización, aunque en provincias distintas, los objetivos de la evaluación de la misma acción formativa, que puede ser esta "formación de formadores", no los mido solamente en función de los objetivos del programa estándar, sino teniendo en cuenta el nivel inicial, la experiencia docente que cada grupo tiene, entre otros aspectos.

Respecto a los tipos o modalidades de la evaluación, podemos citar las siguientes:

▶ **Evaluación individualizada:** la evaluación se adapta a las distintas necesidades del alumnado, a los puntos de partida iniciales y, al progreso realizado por el alumno en cuanto a consecución de objetivos.

La particularidad de esta evaluación es la ausencia de comparaciones entre alumnado, que el alumnado recibe información sola y únicamente sobre su propio proceso, sus avances y progresos.

▶ **Evaluación de carácter normativo:** existe una norma que obliga a todos a realizar la misma prueba de evaluación sin adaptación en contenido, tiempo, u horario a ningún alumno.

Los resultados conseguidos por los alumnos son comparados entre sí conociendo cada alumno el resultado del resto. Este tipo de evaluación suele afectar negativamente la motivación del alumnado con menos puntuación, que aunque haya realizado mayor progreso, puede seguir con una puntuación por debajo del resto.

▶ **Evaluación cualitativa:** se realiza una descripción de varios aspectos definidos previamente en función de unos criterios claros para medir, de manera cualitativa, la consecución de los objetivos del aprendizaje.

Aunque es una evaluación descriptiva e interpretativa, no puede ser subjetiva sino fundamentada. El evaluador justifica su interpretación en base a la existencia, o ausencia, de determinados parámetros-criterios.

▶ **Evaluación cuantitativa:** es una evaluación que aporta solamente datos numéricos sin descripción, ni interpretación.

▶ **Evaluación interna:** la lidera el formador responsable del proceso formativo, puede utilizar instrumentos de su propia elaboración, o recurrir a otros elaborados por terceros que se adapten adecuadamente a su proceso. Puede limitarse a evaluar en solitario a la acción formativa, o puede introducir la auto-evaluación del alumnado implicándolo en la medición de los propios progresos.

▶ **Evaluación externa:** el formador no interviene en la evaluación de la acción formativa, dejando este apartado a cargo de un evaluador externo, que la realiza en determinados momentos de la acción formativa o al final de ésta.

2. PRUEBAS DE EVALUACIÓN

Antes de citar un abanico de pruebas e instrumentos de evaluación, recordar que su adecuación y validez no son absolutas. Subrayar que la correcta selección, combinación, adaptación a cada proceso formativo, es la clave para una exitosa evaluación.

▶ **Exámenes convencionales:** son las pruebas de "toda la vida", las que hemos conocido y, a veces hemos padecido, a lo largo de nuestra vida escolar, universitaria, incluso formativa. Pueden ser orales o escritas. En las pruebas orales se le pide al alumnado:

- La exposición de un tema sin interacción con el evaluador.
- Una exposición con debate de argumentos con el evaluador.
- Responde a las preguntas que le plantea el evaluador.

En las pruebas escritas se pueden plantear como:

- Examen dónde se le plantea un tema al alumnado pidiéndole que lo desarrolle.
- Resolución de un problema partiendo de un enunciado propuesto por el evaluador, el alumnado tiene un tiempo limitado para resolver el problema.
- Una respuesta breve a elaborar.
- Un resumen esquemático de un tiempo amplio para evaluar tanto el grado de integración de los conocimientos como la capacidad de síntesis.

▶ **Las pruebas objetivas:** son exámenes escritos que se caracterizan por: **(a)** tener muchas preguntas con breve enunciado que piden una respuesta breve, **(b)** se determinan las respuestas aceptables por exclusión de las rechazables, **(c)** se determinan de manera anticipada la valoración de los resultados de la prueba.

En las pruebas objetivas se plantean cuestiones que requieren del alumnado: **(a)** dar una respuesta correcta íntegra, **(b)** elegir una respuesta entre las varias proporcionadas.

▶ **La observación:** como técnica de evaluación puede servir para describir, investigar y evaluar. Se pueden observar los hechos, los procesos y los procedimientos y se puede hacer de forma natural o sistemática.

▶ **Auto-informe:** consiste en elaborar una información contrastada sobre cada uno del alumnado a partir de la recogida de datos procedentes de ellos.

▶ **Análisis de trabajo:** se analizan las tareas realizadas por el alumnado como cuadernos de trabajo, resúmenes, textos escritos, exposiciones, etc. El análisis de las distintas tareas y trabajos, permite comprobar los avances del alumnado, las dificultades que encuentra, posibles deficiencias en la metodología o inadecuación de las actividades.

3. EVALUACIÓN EN DIRECTO

En la evaluación en directo, el formador obtiene, mediante las evidencias establecidas antes del inicio, la información necesaria para saber si los objetivos del aprendizaje se están cumpliendo y, en este caso, mantener la misma dirección de trabajo. En el caso contrario, el formador debe modificar el procedimiento seguido hasta el momento.

De cara al grupo

El formador presta atención a los mensajes no verbales y para-verbales reveladores de una información importante (cansancio, distracción, indiferencia, renuncia, etc.).

Puede pedir el feedback del grupo directamente solicitando al grupo una breve evaluación del estado de aprendizaje. Se puede realizar al final de cada sesión diaria del curso, preguntando "¿qué tal vamos?", se puede pedir que puntúen de 0 a 5 su satisfacción con el aprendizaje.

En este tipo de evaluación, la información no verbal es sumamente importante, porque si una mayoría del grupo manifiesta un alto grado de satisfacción, los menos satisfechos lo dirán "con la boca chica" también.

En caso que una persona haya manifestado su insatisfacción con su grado de aprendizaje, preguntarle: "¿qué necesitas, en qué te puedo ayudar para mejorar tu aprendizaje? Es muy importante que no te pongas a la defensiva, que comiences a justificar tu procedimiento de trabajo o que tu forma de llevar la clase se convierta en tema de debate.

En algunas ocasiones los obstáculos al aprendizaje pueden estar fuera del curso (organizacionales, vida personal), el formador puede abordarlo con la persona en cuestión durante la pausa.

De cara al propio formador

Una regla de oro para el formador: "***no te evalúes mientras estás impartiendo la formación***", lo puedes hacer una vez finalizada esta, siempre en base a si los objetivos se han conseguido o no, evitando las frases trampa tipo: "no ha salido bien, no les ha gustado, qué tostón, etc.".

Estas frases minarían tu confianza, tu seguridad en cómo estás haciendo el trabajo descenderá y, el grupo lo notará; entonces sí que tendrás un problema serio. En su lugar y, cuando estés impartiendo tu formación, es de ayuda preguntarte por ejemplo: "¿cómo captaría la atención de esta parte del grupo, cómo haría entender esta parte del temario, qué puedo hacer para que se impliquen más, para que participen más?"

Como formador puedo y debo tener metas de mejoría, puedo plantear antes del comienzo de la sesión qué aspectos quiero ir depurando en esta sesión. Por ejemplo: mantener el contacto visual con todo el grupo, reducir la repetición de muletillas, el no abuso de las frases hechas, el subir el tono, el cuidar algún aspecto del lenguaje corporal, etc.

Tiene que ser un aspecto o dos para cada sesión, si no sería un lío estar atento, a la voz, al contacto visual, al contenido; sencillamente es imposible.

Mi consejo es plantearse un aspecto o dos de mejora e ir depurándolos hasta conseguir que se conviertan en hábitos integrados, que se ejecuten con mucha calidad y, de manera natural. Una vez logrado esto, se pueden plantear otros dos aspectos como mucho, repitiendo el mismo proceso con paciencia y perseverancia.

Para conseguirlo, puede recurrir a los siguientes medios:

▶ **La opinión de formador/es acompañante/s:** en aquellos cursos, o sesiones compartidas con otros formadores, pedir al compañero antes de empezar el curso que se fije en los dos aspectos elegidos para la mejora y darte sus observaciones al final.

▶ **Recordatorio personal:** establecer una forma de recordarse cada 2 - 5 minutos de estos dos aspectos y, que puede ser un post-it en tu mesa con la palara ACUERDATE DE, cambiar el anillo del dedo habitual o simplemente repetirte internamente una palabra fácil de recordar como fíjate, acuérdate. Importante que sean en positivo porque si la frase a repetir es: "no te olvides de", entonces no te vas acordar de nada.

Utiliza la forma más sencilla para ti, lo importante es que vayas acordándote de corregir el aspecto de comunicación que has decidido mejorar. Te recuerdo que no se logra mejorar en una sesión sino después de varias, con lo cual ten paciencia y confianza en ti mismo.

4. EVALUACIÓN DEL ALUMNADO A LA FORMACIÓN

Su finalidad es obtener información objetiva sobre la percepción del alumnado de la acción formativa y su grado de satisfacción con sus distintos aspectos. Por eso se denomina también "evaluación discentes, o satisfacción discentes".

El alumnado revisa, analiza la acción formativa, puntúa su propia valoración y la puede expresar con palabras en el apartado que recoja las impresiones cualitativas.

Se realiza mediante el clásico cuestionario que se entrega a los alumnos justo antes del cierre del curso. Consta de varios aspectos de la formación, cada uno dividido en varios ítems, que reciben una puntuación de 1 a 5, o de 1 a 10, más otro apartado para los comentarios.

▶ **Organización:** información previa, convocatoria, aula, mobiliario y medios técnicos, horario y su distribución.

▶ **Objetivos y contenido de la formación:** su adecuación a las necesidades, su grado de consecución, el grado de idoneidad de su duración, la calidad y cantidad de documentación entregada.

▶ **Metodología:** tipo, adecuación a objetivos y contenido, relación con la participación, etc.

▶ **Utilidad de la formación:** para el puesto de trabajo, para la carrera profesional del alumno

▶ **Formador/es:** conocimiento de la materia, capacidad de transmisión, de crear un buen clima grupal, de crear un estado óptimo de aprendizaje en los alumnos, de una interacción adecuada con los alumnos, etc.

Una de las limitaciones más importante de este tipo de cuestionarios, es el hecho de realizarlo justo al terminar la acción formativa y, todavía no le ha dada tiempo al alumnado a poner en práctica lo aprendido. Se puede complementar con otro cuestionario post-curso que se realiza un mes o dos al finalizar el mismo.

5. EVALUACIÓN DEL APRENDIZAJE

Se trata aquí de evaluar el grado de aprendizaje que se ha generado mediante las enseñanzas impartidas en la formación. Se trata de verlo, tanto a nivel de conocimientos, habilidades y, actitudes. Evidentemente la evaluación del aprendizaje de conocimiento es más fácil que la de habilidades y, esta última es más fácil que evaluar el cambio de actitudes.

▶ **Evaluación del aprendizaje de conocimientos:** se puede realizar mediante una prueba inicial de conocimientos y otra prueba al final de la formación. Comparando las dos pruebas, se puede saber el grado de aprendizaje conseguido por cada alumno.

Fórmula: (puntuación prueba final – puntuación prueba inicial) * 100

▶ **Evaluación del aprendizaje de actitudes:** se puede utilizar un cuestionario de autoanálisis, pasarlo al inicio de la formación y una vez terminada. El cuestionario consiste en una serie de creencias y valores expresados en formato de frases que se le pide al alumno puntuar entre **1 y 5**, si está de acuerdo, o no con el anunciado.

▶ **Evaluación del aprendizaje de habilidades:** se puede hacer planteando al alumno tareas que requieren la puesta en marcha de las habilidades objetivo de la evaluación. Podemos fijarnos solamente en el resultado conseguido por cada alumno y, el tiempo empleado en el cumplimiento de la tarea. O, además del resultado y el tiempo, se puede observar qué actitud adopta mientras lo realiza.

6. EVALUACIÓN DE LA TRANSFERENCIA

De vez en cuando un formador que enseña habilidades, escucha comentarios como: *"esto está muy bien en la teoría, pero la realidad es otra cosa"*, *"en mi puesto de trabajo es difícil poner esto en marcha"*, etc.

Estos comentarios expresan la duda del alumnado sobre la transferencia del aprendizaje del espacio de formación al entorno laboral.

Una de las primeras formas de trabajar la transferencia, antes de acabar el curso, es situar a los alumnos en su futuro contexto laboral, pensar en los posibles problemas que pueden dificultar la puesta en marcha de la nueva habilidad y buscar posibles soluciones.

Otra manera consiste en que el alumnado, al final del curso, plantee objetivos de aplicación de las habilidades aprendidas que se pueden concretar en un programa de entrenamiento. Es necesario empezar la práctica justo al acabar la formación porque si no, se olvida lo aprendido.

Y otra tercera es prestar un apoyo post-curso al grupo, que los alumnos tengan la oportunidad de consultar las dificultades y de recibir asesoramiento.

7. EVALUACIÓN DEL IMPACTO

Responde a la necesidad de averiguar el impacto que la formación genera una vez terminada, ¿qué beneficios directos e indirectos aportará a los alumnos, a sus organizaciones, a sus clientes-usuarios, a su entorno?

Los aprendizajes adquiridos en la formación ¿supondrán mejoras medibles en el trabajo del profesional? ¿Se traducirán en el aumento de sus competencias profesionales? ¿Mejorarán en algo los procesos de producción, de atención al público de la organización?

Este tipo de evaluación es el más difícil de realizar, requiere de un contacto entre formador y alumnos, o entre formador y responsables de los alumnos.

La temática de la formación es clave para facilitar o no la evaluación del impacto, la accesibilidad del formador al alumno es otro punto clave.

Por ejemplo, un grupo de alumnos que se forma en el manejo de un programa informático que la empresa acaba de implantar es de fácil medición, porque el manejo correcto del programa sería el grado de transferencia de aprendizaje y el uso del programa es el impacto sobre la empresa. Imaginamos que con este nuevo programa, la empresa ha previsto un ahorro de costes de X, si se consigue en el tiempo previsto, el impacto es del 100%.

Otro ejemplo distinto, este curso de formación de formadores impartido a un grupo de 20 profesionales de un hospital. Al finalizar el curso y durante los siguientes 6 meses, un 50% han impartido sesiones formativas dentro del hospital, aplicando lo aprendido sobre temas sanitarios y, llegando a impartirlo a grupos de 20 alumnos. El impacto sería el coste de 10 acciones formativas para 200 alumnos con la mejora de calidad de docencia gracias a lo aprendido en el curso.

En el supuesto contrario, si después del mismo curso, el hospital no ha aprovechado las competencias de estos profesionales en materia de docencia, el impacto del curso es del 0%.

TÉCNICAS Y MEDIOS PARA LA FORMACIÓN

1. TÉCNICAS Y MÉTODOS DIDÁCTICOS

Ninguna técnica es mejor que el resto, ningún método es infalible, el aprendizaje es cuestión de métodos, de elección de los métodos y técnicas apropiadas en función de las características del grupo, del tema del aprendizaje y de los objetivos del mismo.

Toda técnica o método tiene sentido mientras facilita un aprendizaje eficaz y eficiente. Tradicionalmente se ha pensado que para aprender hay que hacer un tremendo esfuerzo y, si tal esfuerzo es menor, el aprendizaje es superfluo o el aprendiz es un superdotado.

Las técnicas son herramientas y como tal, en manos de un formador diestro pueden generar arte y en manos de otro torpe no darían ningún resultado destacable. Al igual que un buen chef de cocina es capaz de deslumbrar los paladares, esos mismos ingredientes en otras manos no despertarían ni el apetito.

Presentación simple

Se puede concebir como una técnica para romper el hielo inicial. El formador pide a los participantes que se presenten, que citen su lugar/servicio de trabajo, su cargo/profesión, sus motivos para realizar la formación y sus expectativas de ella.

Presentación por pareja

Se puede considerar como una técnica que ayude al conocimiento mutuo entre los miembros del grupo y a fomentar la cohesión entre ellos. El formador aclara que la presentación será en pareja, que cada participante le dará a su pareja la información necesaria para presentarlo en grupo. Es recomendable que cada uno/a elija a la persona a quien no conoce de nada o con quien tiene menos relación.

Cada uno/a recoge la motivación, expectativas de la otra parte y alguna información adicional más que el otro quiere compartir con el grupo.

La lección magistral

Aunque la denominación de lección magistral no me gusta mucho porque una exposición-conferencia puede ser magistral, o no. Es una denominación que puede referirse correctamente al resultado de una exposición y no a la técnica en sí misma. Lo magistral llega cuando se consigue la satisfacción de la audiencia.

Dicho esto para conseguir que sea lección y magistral, el formador que, en este caso, adopta el papel de conferenciante, debe:

▶ Dominar la materia, los conocimientos que va transmitir a continuación.

▶ Tener claros los objetivos y las lecciones que los asistentes-alumnos han de aprender.

▶ Preparar una buena presentación. Osea seguir una secuencia lógica, de introducción-hipótesis o preguntas de reflexión, análisis, aportación de datos con argumentación y una síntesis final con las conclusiones claras.

▶ Al ser unidireccional, el uso de las habilidades verbales y para-verbales tiene que ser impecable. Todos podemos recordar el típico conferenciante experto en una materia que habla con una voz monótona que adormece hasta las moscas.

▶ La voz tiene que variar continuamente de alta-baja, rápida-lenta, aguda-grave, hacerlo de manera coherente con el contenido para mantener la atención de la audiencia.

▶ El contacto visual con el auditorio para que éste no desconecte a los 10 minutos, debe ser permanente. Es penoso ver a conferenciantes leer sus diapositivas sin mirar a su público, que éste termine leyendo las dispositivas o esperando el final.

▶ El entusiasmo demostrado a lo largo de la exposición no debe ser exagerado porque el público lo nota y habitualmente al público le encanta lo natural, lo auténtico. Esto demuestra el grado de "amor" que el conferenciante le tiene a su materia y este grado de entusiasmo ayuda a que le sigan con más facilidad.

▸ Conectar en la exposición con la experiencia del público, con su marco de referencia y para conseguirlo debe elegir los ejemplos, las comparaciones, las metáforas o símiles que tienen sentido para este público y que tengan relación con su marco de referencia, su ideario y su imaginario.

▸ Resumir, sintetizar las aportaciones de muchos autores y presentar de manera sencilla y amena lo complejo de otras teorías.

▸ Tener un buen control mental del tiempo o disponer de un reloj delante para no perderse en detalles, para respetar el tiempo de finalización o el turno del siguiente conferenciante. Resulta fatigante ver al moderador recordar una vez tras otra al conferenciante que su tiempo ha terminado.

Phillips 66

Indicada para facilitar la confrontación de ideas y la participación de todos los miembros del grupo. Permite tratar o debatir un tema, lograr un acuerdo o llegar a unas conclusiones consensuadas en un tiempo relativamente corto.

El formador expone el tema a tratar, divide el grupo en subgrupos de seis personas, le pide tratarlo durante seis minutos llegando a conclusiones concretas. Cada subgrupo nombra un secretario que controla el tiempo y toma nota de las conclusiones.

En grupo grande el secretario-portavoz de cada sub-grupo expone sus conclusiones que serán anotadas en la pizarra o el portafolios por el formador. El formador hace una síntesis final de todo lo expuesto.

Lluvia de ideas

Concebida para estimular la creatividad del grupo, para hacer emerger nuevas ideas, soluciones y alternativas aprovechando los conocimientos y la creatividad de cada uno de los miembros del grupo.

El formador expone el tema en cuestión, pide a todas las personas que dejen fluir su imaginación y que apunten todas las ideas que se les ocurran sobre el tema, sin juicios ni críticas.

Se pueden utilizar pegatinas, una idea por pegatina. Las pegatinas se agrupan en el portafolios, se procede a su análisis en función de su importancia, viabilidad, utilidad, eficacia, etc. El formador dinamiza el trabajo de análisis hasta extraer las conclusiones sobre el tema.

Dramatización (role playing)

Aconsejada para facilitar la comprensión vivencial de situaciones concretas y para el entrenamiento sobre determinadas habilidades.

El formador concreta la situación, asigna a los participantes en la dramatización los papeles que han de desarrollar y les concreta el modo en el cual han de hacerlo.

Los "actores" escenifican la situación buscando una reproducción la más fiel posible a la realidad. Se procede a su discusión, interviniendo primero los "actores", los observadores si los hubo y el grupo. Se finaliza con la extracción de conclusiones.

Estudio de casos

Idóneo después de la exposición de un tema. Sirve para ejercitarse sobre el mismo analizando varios casos prácticos, buscando soluciones de manera grupal.

El formador elige los casos a estudiar o bien antes de la sesión pide a los participantes que los preparen para la misma. En este caso debe dar las consignas necesarias para la confección del caso como el tema y la extensión.

En la sesión, el formador reparte los casos por subgrupos, establece el tiempo necesario para su estudio. El portavoz de cada subgrupo expone rápidamente el caso, el abordaje y la respuesta dada por el grupo.

Diálogo simultáneo

Técnica óptima para estimular la reflexión individual y compartir información entre los participantes. Se puede aplicar después de una actividad grupal como una exposición o en momentos de mayor cansancio del grupo.

El formador plantea el tema de reflexión y los miembros del grupo forman parejas que dialogan simultáneamente en voz baja sobre el tema durante 2 o 3 minutos. En grupo se exponen las conclusiones de manera sintetizada.

Foro de debate

Indicada para crear un clima informal y relajado para el debate. Se puede realizar después de otra actividad (conferencia, exposición, película, etc.).

El formador introduce al tema de debate, aclara unas mínimas normas como son el tiempo de intervención, la participación de todos los miembros, el orden, etc.

Mesa redonda

Aconsejada para analizar un tema desde puntos de vista distintos o contrapuestos de personas expertas en dicho tema.

El formador-coordinador plantea el tema, da el turno de palabra de aproximadamente 10 minutos a cada participante.

Al finalizar las intervenciones, realiza una síntesis de las intervenciones, reflejando los puntos de coincidencia y de diferencia y anima a los participantes a plantear sus preguntas, comentarios y observaciones.

Simposio

Concebido para ampliar la información que un grupo tiene sobre un tema. El formador-coordinador invita a un reducido grupo de especialistas en el tema pudiendo ser uno de ellos.

El formador presenta el tema y a los expertos, a quien les invita a intervenir a continuación. Finalizada la intervención, el formador realiza una breve síntesis de las exposiciones y abre el turno de preguntas e intervenciones de los participantes.

Trabajo en grupo

Se basa en una metodología inductiva en cuya concepción se parte del conocimiento previo del alumno para que éste vaya adquiriendo más conocimientos en la interacción con el resto del grupo.

El trabajo en sub-grupo permite superar las limitaciones de la participación en grupo grande, puesto que en éste el 80% de las intervenciones las consumen como mucho un 20%, relegando a la mayoría a un papel de pasividad. Las personas tímidas, introvertidas o con dificultades para hablar en un grupo grande, se encuentran más cómodas en un grupo pequeño.

El nivel de debate es mayor al disponer los miembros de un sub-grupo (3 a 5) de más margen para debatir, reflexionar, cuestionar, etc. Esto les aporta, individualmente, un plus de estímulo para su capacidad de auto-formación.

No siendo su finalidad principal, esta técnica desarrolla las capacidades de trabajar en grupo, como escuchar opiniones diferentes, entender la posición del otro, ceder, llegar a consensos.

Torneo de equipo de aprendizaje

Es una técnica ideal para combinar el trabajo cooperativo y competitivo a la vez, desarrollar el auto-aprendizaje y la evaluación continua con un toque lúdico. Se puede realizar con grupos en formaciones de larga duración. Se divide el grupo en varios sub-grupos lo más heterogéneo posible.

▶ *Fase inicial:* el formador reparte distintas fichas con los contenidos entre los equipos. Los miembros de cada equipo estudian el contenido, evalúan unos a los otros para asegurarse que están preparados para el torneo.

▶ *Fase de ejecución:* el torneo se puede realizar al finalizar un tema o una unidad, una vez cada semana o dos semanas. Se pueden formar mesas de torneo de tres personas que compiten en representación de su equipo y sobre temas preparados por el grupo. En función de la puntuación alcanzada por los equipos, a cada uno se le asigna una mesa, ocupando la mesa 1 el primer equipo y así sucesivamente.

▶ *Fase* de cierre: Al terminar el torneo, el formador expone los resultados de los equipos y anuncia como se organizarán los equipos para los próximos torneos.

Rompecabezas

Fomenta la responsabilidad, la motivación, el autoaprendizaje, el aprendizaje colaborativo, el protagonismo de todos los miembros independientemente del nivel de cada uno.

Se forman grupos de seis miembros:

▶ *Primera fase:* cada miembro del grupo recibe una parte del temario que debe estudiar y preparar individualmente. Después se reúne con los miembros de los otros grupos a los que les tocó el mismo tema, formando "grupos de expertos" que discuten la información-contenido que han estudiado individualmente.

▶ *Segunda fase:* una vez terminado el trabajo dentro de los "grupos de expertos", cada uno regresa a su grupo inicial y enseña a sus compañeros lo aprendido en el "grupo de expertos".

Grupos de investigación

Esta técnica favorece la cohesión de los miembros del grupo ayudando a desarrollar estrategias de aprendizaje autónomo.

▶ *Primera fase:* El formador divide el grupo en sub-grupos, elige un tema, cada sub-grupo elige un subtema para preparar, concretan metas a conseguir y definen los procedimientos necesarios para aprender los subtemas.

▶ *Segunda fase:* El formador sigue el proceso de cada sub-grupo prestando ayuda cuando sea necesario. Cada sub-grupo analiza y evalúa la información obtenida. En grupo grande, cada sub-grupo expone su trabajo delante del grupo grande y escucha su feedback.

2. MEDIOS PARA LA FORMACIÓN

El aula

Las sillas alineadas frente al formador son adecuadas para las sesiones basadas en exposiciones. La interacción entre los alumnos es mínima, toda su atención estará centrada en la exposición del formador. Éste debe cuidar que su voz llegue con claridad a las últimas filas manteniendo en cada momento la atención de las personas allí situadas.

Las sillas alrededor de varias mesas en las que se van a realizar prácticas y ensayos. El formador explica el procedimiento, distribuye el trabajo y supervisa las prácticas.

Las sillas en círculo sin llegar éste a cerrase. La silla del formador se sitúa en la punta a unos 90-120 cm. Permite la exposición, una mayor interacción entre los miembros del grupo y una cohesión más rápida. Le permite al formador moverse con libertad, acercarse fácilmente a todos los alumnos, mantener su atención y trabajar en pequeños grupos.

Las sillas en círculo, incluso la del formador, es idónea para un foro de debate libre dónde el formador pasa a un segundo plano.

Las dimensiones del aula deben estar adecuadas al número de participantes, 2 metros cuadrados por alumno. Si es demasiado pequeña generará sensación de agobio. Si es demasiado grande habrá más distanciamiento entre los alumnos y la voz del formador perderá calidad.

La iluminación de la luz debe variar en función del trabajo, usando una buena iluminación cuando se realizan prácticas, una luz tenue cuando el formador realiza una exposición o cuando el grupo discute un tema y más tenue aún cuando se utilizan medios audiovisuales.

Las distracciones deben ser eliminadas o reducidas lo máximo posible. Bajar las persianas si esto disminuye la distracción, eliminar completamente carteles o papelógrafos de otras sesiones, pedir silenciar los móviles, etc.

La temperatura debe estar entre 20-22 grados tanto en invierno como en verano, no obstante se debe tener en cuenta la vestimenta que los alumnos van a llevar así como la tarea que van a realizar.

Textos impresos

Pueden ser manuales de la acción formativa que se entregarían al inicio o al final. Yo personalmente prefiero, si es posible, entregarlo al final y durante la formación entregar las fichas necesarias o imprescindible para el trabajo.

Las fichas de trabajo se pueden imprimir conforme las necesidades de cada sesión ya que a veces es difícil calcular las necesarias y, cuidando al medio ambiente, conviene no imprimir más de lo necesario.

Siendo manuales, libros o dossiers, los textos se pueden entregar en formato digital al finalizar la formación, haciendo un buen ahorro de los costes.

Medios audiovisuales

Han ido evolucionando rápidamente. A inicios de los noventa lo común eran las transparencias, los montajes de fotografías, vídeos. A finales de los noventa e inicio de los años 2000, aparecen los ordenadores, portátiles y proyectores, con precios accesibles para muchas entidades. Actualmente todas las aulas de formación y salones de congresos, disponen de todo lo audiovisual requerido.

Vuelvo a repetir lo mismo que en el apartado anterior: El medio en si mismo no tiene valor, adquiere más valor en función de la selección y del buen uso que el formador le puede dar durante la formación.

Unas diapositivas bien elaboradas con imágenes bien seleccionadas y no acompañadas con la voz, el ritmo y la atención correcta, no aportarían todo su valor a la formación.

Un buen vídeo para introducir un tema sin un buen calculo del tiempo y sin un guión para explotar todo el contenido, haría que la sesión pareciera un video fórum más que una sesión formativa.

Los medios audiovisuales pueden mejorar muchos aspectos, considerando estos dos siguientes los más importantes:

▶ **La atención:** Las imágenes, tanto los vídeos como la combinación de imágenes y textos, favorecen la atención, ayudan al alumnado a seguir el hilo conductor y desconectarse bastante menos.

▶ **La retención de la información:** Mientras el formador explica, puede dejar proyectado un esquema, una síntesis de lo visto, esto afianza la retención del contenido base.

Algunos medios audiovisuales han pasado al olvido o se utilizan en menos medida como el retroproyector, las transparencias, con lo cual no voy de detenerme con ellos, y nos centraremos en los que actualmente se usan en mayor medida.

▶ **Vídeo:** Las ventajas del vídeo en cuanto a la formación presencial son numerosas, permite al formador apoyar sus explicaciones, presentar casos, grabar y reproducir a los alumnos realizando ejercicios y trabajar sobre dichas grabaciones.

▶ **El proyector de diapositivas:** Un buen soporte para el formador, excelente para acompañar la exposición y su buen uso permite mantener una adecuada atención. Presenta como convenientes la necesidad de grado de luz o luminosidad que permite ver bien la proyección sin tener demasiada oscuridad en el aula. Algunas aulas suelen disponer de focos de luces graduables, y en su ausencia jugaríamos con la regulación de persianas y luces.

Tableros didácticos

▶ Pizarra tradicional: tanto la de tiza como la pizarra blanca de rotulador son de gran ayuda para apuntar esquemas y palabras claves mientras se explica. Es recomendable a la hora de escribir procurar situarse en una esquina para no dar la espalda del todo al público. Recomendable escribir en mayúsculas o en letras grandes. No abusar mucho de la pizarra porque se da la "espalda" más tiempo al grupo y no podemos mantener el contacto visual con todo el grupo mientras explicamos.

▶ **Portafolios:** es más versátil que la pizarra, permite arrancar las hojas escritas y no borrarlas, poder pegarlas en las paredes del aula o guardarla para otro momento que se necesite. Los dos principales inconvenientes del portafolios son el tamaño y el gasto de papel.

▶ **Pizarra electrónica:** Aunque de momento su uso no está muy extendido, ofrece muchas ventajas al poder utilizarse como pizarra tradicional, escribiendo con rotulador, como pantalla para proyectar presentaciones, vídeos, etc. La habitual anécdota que se da con la pizarra electrónica es cuando se usa un rotulador de pizarra tradicional que no se puede borrar en la pizarra electrónica.

ANEXOS 1: ESQUEMA DE PLANIFICACIÓN Y GUIÓN DE SESIÓN

1. ESQUEMA PLANIFICACIÓN DE UNA ACCIÓN FORMATIVA

a) Justificación

- ¿Por qué organizas esta actividad?
- ¿Qué necesidades formativas justifican la planificación de la actual actividad formativa? ¿Son de carácter profesional, o institucional? ¿Cómo has detectado dichas necesidades?
- ¿Has recibido una demanda concreta para ello, o más bien ha sido una respuesta a unas necesidades sentidas, o porque la actividad está ligada a alguna línea estratégica de la organización?
- ¿Cuáles son los beneficios de la actividad? ¿Qué aporta de nuevo para los discentes en términos de conocimientos, habilidades y actitudes? ¿Qué aporta a la organización y a los usuarios de ésta?

a) Contexto general

- ¿Dónde se va realizar la actividad?
- ¿A qué tipo de público, grupo, audiencia va dirigida?
- ¿Qué grado de conocimientos previos dispone de la temática?
- ¿De cuánto tipo se dispone?
- ¿En qué momento de la jornada se va a realizar la intervención, en qué orden?

b) Objetivos generales

- ¿Qué resultados globales tendría nuestra acción para los alumnos, para la organización, para los usuarios, para la sociedad en general?
- ¿Qué se conseguirá cuando se alcanzan todos los objetivos específicos?

c) Objetivos específicos

- ¿Qué resultados concretos se quiere conseguir al finalizar la acción formativa?

-   ¿Qué aprendizajes de conocimientos, habilidades, y actitudes se pretende que los alumnos alcancen?

d) Contenidos

-   ¿Qué contenidos, qué temas se trabajarían?
-   ¿De qué manera se va estructurar el contenido?
-   ¿De cuantas unidades o bloques está configurado?
-   ¿Las unidades están conectadas con los objetivos específicos, los reflejan y permiten su desarrollo?
-   ¿Las unidades están relacionadas entre sí, siguen un orden lógico y coherente?
-   La estructura de cada unidad está claramente compuesta por: introducción, explicación y cierre.

e) Metodología

-   ¿Qué actividades específicas se llevarían a cabo para conseguir los objetivos?
-   ¿Qué metodología se va a seguir para impartir, o trabajar los contenidos?
-   ¿Qué técnicas didácticas se van a utilizar en el desarrollo de cada unidad/apartado?
-   La metodología es coherente con los objetivos específicos, con los contenidos y con el perfil de los discentes.
-   Se describe en detalle lo que se va realizar
-   Se describe cómo se va desarrollar
-   Se describe la estimación de tiempo de cada apartado

f) Evaluación

-   ¿Qué indicadores establecerás para comprobar la consecución de los objetivos?
-   ¿Qué tipo/s de evaluación tienes previsto? (aprendizaje, satisfacción, impacto, transferencia)
-   ¿Con qué instrumentos lo vas a realizar?
-   Si realizas una evaluación en directo, ¿en qué momento?

g) Posibles dificultades-posibles soluciones

-   ¿Cuáles son los posibles problemas o dificultades que pueden surgir durante el desarrollo de la actividad?
-   ¿Qué actuaciones puedes realizar para corregirlas?

2. GUIÓN DE UNA SESIÓN FORMATIVA

Puedes encontrarlo bajo la denominación PAT, Plan de Acción Tutorial, o con el término SET UP en lenguaje de la Programación Neurolingüística. Puedes llamarlo como se ha hecho toda la vida, guion de sesión, es la "chuleta" que llevarías contigo para saber que debes hacer en cada momento. Es una simplificación y reducción del esquema de planificación, quedamos con los apartados que necesitamos para el desarrollo de la formación, y los tendremos a mano.

Sesión 1:

2. Punto 1 del temario:

    -   Tiempo estimado (20 – 30 minutos): a la hora de fijar el tiempo, tener cierta flexibilidad porque es muy difícil calcular el tiempo con exactitud.

    -   Técnicas didáctica: lluvia de idea

    -   Desarrollo:

        •   Realización de la dinámica: 10 minutos

        •   Puesta en grupo (síntesis grupal y debate): 10 minutos

        •   Aportaciones formador: 5 minutos

3. Punto 2 del temario:

    -   Tiempo: 60 minutos

    -   Técnica didáctica: exposición y preguntas-debate

    -   Desarrollo:

        •   Exposición 1 parte: 20 minutos

        •   Primer turno de preguntas y debate: 10 minutos

        •   Exposición 2 parte: 20 minutos

Si nuestra sesión es de 1,30 h ya hemos terminado. Si nuestra sesión es de 3 horas, es tiempo de hacer una pausa en el camino.

4. Punto 3 del temario:

- Tiempo: 100-110 minutos

- Técnica didáctica: estudio de casos y exposición

- Desarrollo:

    • Estudio de casos en 4 subgrupos: 20-30 m

    • Exposición y debate de cada caso: 20-30 m (10 minutos por cada subgrupo).

    • Exposición: 30 minutos

    • Turno de preguntas y debate: 10-15

        [En el mismo guion, o aparte puedes tener apuntadas preguntas para animar el debate, cuestiones que les puedes plantear al grupo]

Llegando a este punto, ya estaremos al final de nuestra sesión. En caso que no porque la sesión es de mañana, y de una larga duración, entonces es momento de hacer una segunda pausa, esta vez breve, de 10 minutos por ejemplo.

El procedimiento en la elaboración del guion es el mismo tanto para una sesión de media hora, o de un curso de muchas horas, la diferencia está en la extensión.

ANEXOS 2: EJEMPLOS DE SESIONES FORMATIVAS

A continuación presentamos tres ejemplos de esquemas de planificación de sesiones formativas que han realizado como práctica alumnos/as que han asistido a nuestro de formación de formadores.

1. EJEMPLO DE SESIÓN DE ENFERMERÍA

- Tema: Adherencia terapéutica en usuarios de salud mental
- Autora: Dolores Pérez Tapia
- Lugar: Hospital universitario Torrecárdenas de Almería
- Duración: 6 horas

a) Justificación

El tema del curso consiste en estudiar los motivos fundamentales por los que las personas con T.M.G (Trastorno Mental Grave) **NO** se adhieren al tratamiento y como esto les va a condicionar la Buena Evolución en su proceso y en su Recuperación.

Esto va a repercutir no sólo en la relación médico-paciente-enfermera, sino que también afectará en la dinámica del entorno asistencial y sobretodo en la Calidad de Vida del paciente y de su familia (Empeorando el pronóstico de la Enfermedad).

Se trata de Valorar como la falta de Adherencia Terapéutica es un problema sobretodo en usuarios de Salud Mental, ya que se produce con mayor frecuencia en personas con este tipo de trastornos; que en otras patologías crónicas de tipo orgánico. Esto se debe fundamentalmente a la falta de conciencia de Enfermedad, a los efectos adversos de la medicación y a una deficiente alianza terapéutica.

Por adherencia terapéutica entendemos, desde la definición clásica enunciada por Sackett y Hayne , el grado de coincidencia del comportamiento de un paciente en relación con los medicamentos que ha de tomar, el seguimiento de una dieta o los cambios que ha de hacer en su estilo de vida, con las recomendaciones de los profesionales de la salud que le atienden

(El término **adherencia**, resalta por encima de todo la participación activa del paciente en la toma de decisiones , otros términos la definen también, con distintos matices :

- **Concordancia que** enfatiza el acuerdo y la armonía que ha de existir en la relación médico-paciente-enfermera .
- **Cumplimiento** , un término más clásico, ha sido criticado por entenderse que remite a actitudes paternalistas y de obligación pasiva por parte del paciente.

He de destacar la implicación de Enfermería para mejorar la adherencia terapéutica de los usuarios de salud Mental , mediante un seguimiento y plan de cuidados individualizado; así como la en la intervención mediante diferentes estrategias y actividades de psicoeducación , logrando con ello reducir el número de recaídas y de reingresos ,mejorando con ello el pronóstico de la enfermedad.

La relación interpersonal paciente- enfermera/o, es muy importante para una buena adherencia al tratamiento, ya que es uno de los profesionales que tiene un papel fundamental en el control de la toma del medicación, así como en la actividades asistenciales —grupales a las que asiste el usuario y con quien pasa la mayor parte de su actividad asistencial. Esto favorece en gran medida que la actitud del paciente se vea directamente relacionada con el cumplimiento del plan terapéutico .

Los Trastornos Mentales adquieren mayor dimensión debido a que provocan cada vez más discapacidades y además son más prolongados si no hacemos nada por mejorar el pronóstico. Esto hace que **los profesionales** que nos dedicamos a trabajar por y para el paciente con trastorno mental, no sólo intentemos reducir el estigma, favorecer la recuperación de los usuarios ya diagnosticados ; sino que **estemos preocupados** por como los jóvenes que son la generación que se está incorporando al sector más productivo de la población y son los que sustentarán nuestra economía y futuro (no van a poder hacerlo),no pueden incorporarse al sector laboral por estos motivos.

Porque hay un clamor social y una concienciación sobre la necesidad de mejorar la calidad de vida de nuestros usuarios de Salud Mental, y por proteger los derechos humanos ,tanto desde los dispositivos asistenciales como desde la comunidad.

Todavía entre los propios profesionales nos encontramos que se estigmatiza a los pacientes de salud mental , y que se vulneran sus derechos desde el mismo momento en el cual dicen que tienen un T.M.G o por el simple hecho de ser molestos a la vista o por sus posibles conductas inadecuadas.

Hay que formar y concienciar a los profesionales para que ellos cambien esa manera de actuar y prediquen con el ejemplo ... formando a otras personas y así cada vez se vaya reduciendo el estigma. Actualmente se ha detectado que hay un alto porcentaje de abandono del tratamiento tanto farmacológico como psicoeducativo ,esto supone graves consecuencias negativas clínicas para el usuario y un gasto asistencial y económico cada vez más alto

Por este motivo hay que buscar las causas y los factores predisponentes de este abandono e incumplimiento terapéutico ,para evitar las complicaciones derivadas de ello.

b) Objetivo general

Identificar la importancia de la labor asistencial de enfermería para lograr una buena adherencia terapéutica del paciente de salud mental.

c) Objetivos específicos

- Investigar las causas o factores que influyen en el incumplimiento del Plan terapéutico.
- Definir el porcentaje de abandono del tratamiento en pacientes de salud mental.
- Detectar las complicaciones que ocasiona la no adherencia al tratamiento.
- Favorecer las estrategias para mejorar la adherencia terapéutica.
- Implicar a todo el equipo multidisciplinar para conseguir adherencia.

d) Contenidos

1.-Introducción

    1.1.-Como la eficacia de la adherencia está relacionada con un seguimiento correcto.

    1.2.- La actitud no colaboradora del usuario condiciona el aumento de recaídas.

2.-Definición adherencia terapéutica y de incumplimiento.

    2.1.- Definición de adherencia Terapéutica.

    2.2.- Principal objetivo de la adhesión.

    2.3.- Incumplimiento del Plan terapéutico.

2.4.- Consecuencias de la falta de adherencia o incumplimiento.

    3.-Causas que motivan el fracaso en la adhesión terapéutica.

    3.1.- Ausencia de tratamiento.

    3.2.- Exceso de tratamiento.

    3.3.- Defecto de tratamiento

4.-Factores que intervienen en la adhesión. Relacionados con:

    4.1.- El equipo Sanitario y Sistema.

    4.2.-Con las características del Régimen Terapéutico.

    4.3.-Con las características de la propia enfermedad.

    4.4.-Factores del propio paciente-usuario.

    4.5.-Factores socio-económicos.

5.- Plan de cuidados - Evaluación de la adhesión - Criterios de Alta

    5.1.-Establecimiento de una relación terapéutica profesional-paciente.

5.2.-Medidas informativa.

      5.2.1.-Sobre el problema de salud

      5.2.2.- Sobre el tratamiento.

5.3.-Medidas educativo-conductuales.

5.4.-Medidas recordatorias.

5.5.-Medidas de Evaluación de adhesión

      5.5.1.- Cuantitativos.

      5.5.2.- Cualitativos.

5.6.- Alta según los criterios de cumplimiento propuestos en plan cuidados.

e) Metodología

Iniciaría la sesión con un intercambio abierto con los asistentes al taller sobre qué entiende cada uno/a por adherencia terapéutica.

Les plantearía realizar una "lluvia de ideas" sobre las causas del incumplimiento de los tratamientos.

Realizaría una exposición en la que abordaría los contenidos teóricos, finalizando la misma con un turno de preguntas y debate.

Para los contenidos prácticos, empezaría con una breve explicación para situar al grupo, formaría sub-grupos dando a cada uno/a un papel a ejercer. Una vez finalizados los ejercicios, cada subgrupo expondrá el resultado de su práctica, dificultades, aciertos, herramientas utilizadas, etc.

Finalizaría con una síntesis global de lo trabajado en todo el taller. Y daría paso a la realización de la evaluación.

Con la evaluación realizada, daría las gracias al grupo y cerraría el taller.

f) Evaluación

1.-Aprendizaje: evaluación inicial y final, observaciones a los miembros durante los ejercicios.

2.-Encuesta de recogida de las expectativas iniciales antes del comienzo del taller, y cuyos resultados se tendrían en cuenta para realizar determinadas adaptaciones antes del inicio del taller.

3.-Evaluación del alumnado a la acción formativa: idoneidad y cumplimiento de los objetivos, adecuación y utilidad de los contenido, metodología, conocimiento y capacidades del docente, grado de aprendizaje conseguido, recomendaciones de mejora.

2. EJEMPLO DE SESIÓN DE MÉDICOS

- Tema: Optimización del tratamiento antibióticos de las infecciones más habituales en Atención Primaria
- Autor: José Manuel Molino Peinado
- Área de Gestión Sanitaria Sur de Granada
- Duración: 5 sesiones de 45 minutos cada una.

a) Justificación

Esta acción formativa se desarrolla en 6 sesiones clínicas destinadas a generar conocimiento que permita optimizar el uso de antibióticos en infecciones de frecuente presentación en adultos y niños en Atención Primaria (AP), con el fin disminuir el elevado consumo estos medicamentos y contribuir a disminuir las resistencias bacterianas.

El elevado consumo de antimicrobianos en AP se ve favorecido por la alta prevalencia de enfermedades infecciosas (un tercio de las consultas) y por otros factores como la automedicación, el incumplimiento terapéutico, la incertidumbre diagnóstico-etiológica, la falta de conocimientos o las propias expectativas del paciente a recibir antibióticos.

Existen muchos problemas derivados del uso inadecuado de antimicrobianos. La exposición de los pacientes a riesgos innecesarios de reacciones adversas, la disminución de la eficacia de los antimicrobianos y la aparición de cepas de microorganismos resistentes a los antibióticos son tres de los más importantes. Dicha resistencia se ha incrementado en general y la aparición de nuevos antibióticos ha disminuido drásticamente. Así, se estima que en 2050 las bacterias multirresistentes causarán a nivel mundial 10 millones de muertes al año, por encima del cáncer. Todo ello ha motivado la puesta en marcha de iniciativas a todos los niveles para sensibilizar a la población y a los profesionales sanitarios sobre la necesidad de realizar un uso responsable.

La mejora en la adecuación del uso de los antibióticos es una prioridad sanitaria y existe toda una serie de estrategias que pueden ayudar a los clínicos a realizar un uso más apropiado de los antimicrobianos. En nuestro país, uno de los países europeos con mayor consumo de antimicrobianos y mayores tasas de resistencias bacterianas, hay en la actualidad un importante movimiento a favor de la implantación en Atención Primaria de los programas de optimización de antibióticos (PROA).

En Andalucía, la mejora del uso adecuado de medicamentos es una línea estratégica de la Consejería de Igualdad, Salud y Políticas Sociales y del Servicio Andaluz de Salud (SAS). Además de constituir una meta dentro de la Estrategia para la Seguridad del Paciente, se aprobó en 2013 el Programa Integral de Prevención, Control de las Infecciones relacionadas con la Asistencia Sanitaria y Uso Apropiado de los Antimicrobianos (PIRASOA).

El desarrollo del PIRASOA en AP se basa en el Programa de Optimización de Antimicrobianos (PROA) que tiene, entre otros objetivos:

- mejorar el uso de antimicrobianos en el Sistema Sanitario Público de Andalucía.
- reducir los efectos adversos de los antimicrobianos.
- reducir las resistencias bacterianas.
- reducir la presión antibiótica.

La formación es la herramienta clave de los PROA y para la misma tienen un valor primordial las guías locales de tratamiento antimicrobiano, las cuales se recomienda actualizar periódicamente. En Atención Primaria, el SAS recomienda utilizar como modelo sobre el que realizar la actualización la Guía del Aljarafe.

Considerando la necesidad de los Médicos de Familia y Pediatras de AP de una formación continuada en el tratamiento de los procesos infecciosos, este acción formativa intenta responder a ese objetivo, revisando la problemática asociada a la sobreprescripción o el uso inadecuado de antibióticos y dando a conocer las actualizaciones y recomendaciones terapéuticas de la última edición de la citada guía terapéutica de referencia en los procesos infecciosos más prevalentes en el ámbito de la Atención Primaria.

b) Objetivo general

Actualizar los conocimientos tanto sobre los factores responsables y las estrategias de lucha contra la resistencia bacteriana a los antibióticos, como sobre el manejo de procesos infecciosos de frecuente presentación en el ámbito de la Atención Primaria, con la finalidad de adquirir habilidades para una mejora continuada de la calidad asistencial.

c) Objetivos específicos

- Conocer la situación actual de las resistencias bacterianas a los antibióticos.
- Mejorar el conocimiento del Programa de Optimización de Antibióticos (PROA) en Atención Primaria.
- Analizar diferentes estrategias destinadas a mejorar el uso apropiado de antibióticos en Atención Primaria y disminuir la aparición de resistencias.
- Favorecer una selección óptima de los antibióticos y su posología en los procesos infecciosos más prevalentes en Atención Primaria, tomando como base las guías de terapéutica antimicrobiana de referencia.

d) Contenidos

Unidad didáctica 1: **uso apropiado de antibióticos: conceptos clave**
Duración: 45 minutos.
Contenidos:

- El fenómeno de la resistencia bacteriana.
- Análisis de estrategias para un uso prudente de antibióticos en Atención Primaria.
- Programas de optimización de antibióticos (PROA) en Atención Primaria.

Unidad didáctica 2: **tratamiento empírico de infecciones respiratorias**

Duración: 45 minutos.

Contenidos:

- Infecciones respiratorias y ORL en adultos:
    - Faringoamigdalitis aguda, bronquitis aguda, exacerbación de la enfermedad pulmonar obstructiva crónica, neumonía adquirida en la comunidad.
- Infecciones respiratorias y ORL en Pediatría:
    - Faringoamigdalitis aguda, otitis media aguda, sinusitis bacteriana aguda, neumonía.

Unidad didáctica 3: **tratamiento empírico de infecciones urinarias**

Duración: 45 minutos.

Contenidos:

- Infecciones del tracto urinario en adultos:
    - Cistitis no complicada (mujeres), profilaxis de la infección urinaria de origen postcoital
    - profilaxis de las reinfecciones, cistitis complicada.
- Infección del tracto urinario en Pediatría.

Unidad didáctica 4: **tratamiento empírico de infecciones de la piel y partes blandas**

Duración: 45 minutos.

Contenidos:

- Infecciones de la piel y partes blandas en adultos: foliculitis, impétigo, celulitis, erisipela.
- Infecciones cutáneas en Pediatría.

Unidad didáctica 5: **tratamiento empirico de infecciones genitales**

Duración: 45 minutos.

Contenidos:

- Vulvovaginitis candidiásica y vaginosis bacteriana.
- Balanitis en Pediatría.

e) Metodología

Sesiones clínicas de periodicidad mensual, aportando como documentación el siguiente material: presentaciones de los docentes, referencias bibliográficas actualizadas accesibles en Internet y en la Biblioteca Virtual del Sistema Sanitario Público de Andalucía (www.bvsspa.es/), guía de terapéutica antimicrobiana de referencia (Guía Terapéutica Interniveles del Área Aljarafe) en formato pdf y acceso a sus actualizaciones en:
http://www.juntadeandalucia.es/servicioandaluzdesalud/guiaterapeuticaaljarafe/guiaTerapeuticaAljarafe/guia/guia.asp

Cada sesión se desarrollará durante 60 minutos con esta distribución orientativa:
- 5 minutos: objetivos y contenidos de la sesión.
- 20 minutos: exposición del tema previsto.
- 10 minutos: dudas y preguntas/debate.
- 20 minutos: ejercicios prácticos (resolución de casos prácticos o supuestos clínicos relacionados con los contenidos de cada sesión).
- 5 minutos: Conclusiones y cierre.

f) Evaluación
- **Feedback** del grupo al final de cada sesión.
- **Encuesta de satisfacción de los facultativos** que recoge la valoración de los diferentes elementos de la actividad formativa (recursos, objetivos, metodologías, docentes, utilidad de los contenidos). Se cumplimentará por escrito de forma anónima un cuestionario al finalizar la actividad formativa.

3. EJEMPLO DE SESIÓN DE TÉCNICO AUXILIAR

- Tema: las Voluntades Vitales Anticipadas
- Autora: Josefa María Ruiz Arres
- Hospital Universitario Torrecárdenas de Almería
- Duración: 1 horas

a) Justificación

La organización del presente curso responde a necesidades tanto sociales como institucionales. Necesidad social: cada día encontramos más personas que tienen las ideas claras acerca de sus deseos relativos al final de su vida y quieren tener la garantía de que dichos deseos serán respetados, incluso si no pueden comunicarse con el entorno. Por ello resulta necesario dar a conocer la posibilidad existente de dejar registrados nuestros deseos en relación a ese momento, indicando exactamente nuestros deseos para el final de la vida, siempre dentro de la legalidad vigente y en función del estado de la ciencia. Necesidad institucional: como profesionales del sistema sanitario, todos los trabajadores del centro tienen una serie de obligaciones en relación a las Voluntades Vitales Anticipadas, y estamos obligados a atender las demandas de los ciudadanos en este ámbito. Entre las obligaciones más sencillas y que afectan a todo el personal, se encuentra proporcionar información a quién la pida, acerca de la posibilidad de realizar la Declaración de Voluntad Vital Anticipada, así como del lugar en que puede solicitarse información más amplia y donde puede realizarse dicho registro. Obligaciones de los Registradores, que deben realizar el procedimiento administrativo establecido, proporcionando la información que solicite el ciudadano en ese momento, y que son los que deben decidir acerca de la capacidad del declarante, actuando como notarios de ese trámite.

Obligaciones de los profesionales sanitarios, que son los únicos autorizados para acceder a la Declaración de Voluntad Vital del paciente siendo los responsables de establecer el momento en que las decisiones reflejadas en dicha Declaración de Voluntades Vitales Anticipadas deben ser aplicadas, siendo obligatorio el cumplimiento de dicha declaración.

Se ha detectado la necesidad de proporcionar a los trabajadores del Centro Sanitario información acerca del Registro de Voluntades Vitales Anticipadas a través de las preguntas acerca de dicho registro que plantean los ciudadanos, que demandan información acerca de la posibilidad de dejar por escrito sus deseos en relación al final de sus días y de los lugares en los que poder realizarla, dicha demanda de información se traslada desde los trabajadores a los responsables de las distintas unidades, por lo que, desde el Servicio de atención a la Ciudadanía, cuyos efectivos son los que más demanda de información acerca del tema objeto de este curso reciben, se ha estimado la necesidad de organizar un actividad formativa dirigida a todos los profesionales a fin de difundir los aspectos más importantes.

se ha detectado la necesidad de difundir entre los profesionales del centro información respecto a la Voluntades Vitales Anticipadas en dos direcciones: En relación con la información que demandan los ciudadanos, considerando la necesidad de que cuando una persona se dirija a un trabajador del centro solicitando información acerca de este asunto, el profesional tenga los conocimientos adecuados a fin de que proporcione información veraz y precisa respecto a la posibilidad de realizar la declaración, de la existencia de puntos de registro, de cómo acceder a esos puntos de registro y de donde obtener información más amplia en relación a este asunto. Por otra parte, es necesario proporcionar a los profesionales sanitario la adecuada información acerca de quiénes pueden acceder a la Declaración de cada paciente, de la obligatoriedad de cumplir con lo establecido por la persona en dicha Declaración y, en su caso, de quién o quienes pueden tomar decisiones en relación a la Declaración.

La actividad resulta beneficiosa en la medida en que aumenta el nivel de conocimientos de las personas al servicio de la institución en relación a un tema que resulta de interés social, y que afecta a todos y cada uno de los ciudadanos, dado que permite proporcionar una ade-

cuada información acerca de la existencia de un derecho, garanti-
zando el cumplimiento del mismo a través de la formación del personal responsable de aplicar, llegado el caso, la Declaración de Voluntad
Vital Anticipada.

La novedad la constituye la materia misma objeto del curso, ya
que si bien las Voluntades Vitales Anticipadas, se encuentras legisla-
das en Andalucía desde 2010, se detecta un gran desconocimiento de
las mismas, así como gran confusión entre términos como consenti-
miento informado, testamento vital, instrucciones previas, planificación anticipada de decisiones y otros.

b) Objetivo general

Difundir entre los profesionales del Centro información acerca de
la regulación y ejercicio del derecho a decidir sobre el final de la vida.
II. Informar a los profesionales del Centro de sus derechos como ciudadanos y sus deberes como profesionales del sistema público sanitario. III. Mejorar la atención a los ciudadanos en relación a la Voluntad
Vital Anticipada, garantizándoles adecuada información y el ejercicio
de su derecho.

c) Objetivos específicos

- Proporcionar a los profesionales del Centro adecuada formación acerca de las Voluntades Vitales Anticipadas conceptos,
  regulación legal, situaciones sobre las que se puede decidir y
  otros aspectos de interés.
- Ampliar la formación de los profesionales en relación al procedimiento de Registro de Voluntades Vitales Anticipadas,
  puntos de Registro disponibles, así como los supuestos en los
  que la Declaración de VVA., es de aplicación y las personas le-
  gitimadas para tomar decisiones respecto a dicha Declaración.

-   Difundir entre los profesionales los conocimientos pertinentes acerca de la necesidad de conocer si un paciente tiene registrada su Declaración de VVA, quienes están autorizados a acceder, la forma de acceso a la misma, así como la obligatoriedad de tener en cuenta lo establecido en la Declaración.

d) Contenidos

UNIDAD 1. VOLUNTAD VITAL ANTICIPADA. CONCEPTOS Y REGULACIÓN LEGAL.
1.1.- Presentación.
1.2.- Definición de Voluntad Vital Anticipada.
1.3.- Marco legal
1.3.1.- Normativa Estatal
1.3.2.- Normativa Andalucía
 1.3.3.- Normativa otras CCAA
1.4.-Conceptos bioéticos.

UNIDAD 2. DECLARACIÓN DE VOLUNTAD VITAL ANTICIPADA.
2.1.- Presentación.
2.2.- Quién puede realizar la declaración de VVA.
2.3.- Situaciones de aplicación y situaciones de no aplicación.
2.4.- Apartados de la Declaración.
 2.5.- Puntos de Registro y Registradores.

UNIDAD 3. APLICACIÓN DE LA VOLUNTAD VITAL ANTICIPADA.
3.1.- Designación de representante y sus funciones.
3.2. Ausencia de representante.
3.3.- Acceso a la Declaración de Voluntad Vital Anticipada.
3.3.- Obligación de consultar la declaración

e) Metodología

1.- Estructura Metodológica para la UNIDAD 1.

Teniendo en cuenta que el contenido de la primera unidad es básicamente legislativo, se trabajará mediante una estructura expositiva, apoyándose en la presentación del tema con la proyección de videos que apoyen la explicación, continuando con una técnica expositiva del tipo conferencia, dando paso a las intervenciones que los alumnos quieran hacer a fin de aclarar términos

2.- Estructura Metodológica para las UNIDADES 2 Y 3. Estas dos unidades permiten combinar la conferencia y proyección de videos, con el estudio de casos, y con debates de grupo. Ambas se pueden organizar con una estructura semejante: una breve exposición del contenido, la proyección de un corto video con un ejercicio posterior de estudio del caso visto en la proyección, seguido de una exposición del resto del contenido para finalizar con otro breve caso, bien sea apoyado en un video, o en una lectura, para finalizar con un debate de grupo. Los ejercicios consistirán en los estudios de casos ya mencionados, a través del planteamiento de cuestiones relacionadas con lo visto en la proyección, o en el contenido del texto escrito objeto de estudio.

El formador y los alumnos interactuaran en todo momento a lo largo de la actividad, dejando el formador siempre abierto la posibilidad a los alumnos de formular preguntas o aportar opiniones.

f) Evaluación

Al tratarse de una actividad de corta duración, cuyo contenido es de carácter teórico-legislativo, la evaluación deberá realizarse de una
1.- Inicio de la sesión.
- Cuestionario de expectativas.
- Cuestionario de conocimientos pre-actividad.
2.-Final de la sesión.
- Realización individual de un caso práctico, en el que se planteará un breve supuesto al que los alumnos deberán dar respuesta.
- Cuestionario post-actividad.
- Cuestionario de satisfacción

ANEXOS 3: EJEMPLOS DE CUESTIONARIOS DE EVALUACIÓN

1. CUESTIONARIO RECOGIDA EXPECTATIVAS ALUMNADO

- Información convocatoria

  ¿A través de qué medio te informaste sobre la convocatoria de esta acción formativa? (enuméralos según importancia)

Puntúa los siguientes ítems de 1 a 10.

- Información previa recibida. Con la información recibida, me han quedado claros los objetivos de la formación

- Información previa recibida. Con la información recibida, me ha quedado clara la metodología de la formación

- Información previa recibida. Con la información recibida, me han quedado claros los sistemas de evaluación de la formación

- Información previa recibida. Con la información recibida, me ha quedado claro el perfil o perfiles del docente o docentes de la formación

- Información previa recibida. Con la información recibida, me ha quedado claro el sistema de tutorías de la formación

- Nivel de desarrollo de la formación. ¿Qué nivel de desarrollo te gustaría que la formación tenga? Básico – medio – avanzado.

- Familiarización con los recursos virtuales. ¿Cual es tu grado de familiarización con los recursos virtuales? Básico – medio – alto.

- Expectativas previas del curso, señala aquellos contenidos en los que más te gustaría profundizar (numéralos por importancia).

- Expectativas profesionales en relación al curso, explica brevemente las posibles mejoras en el puesto de trabajo y en relación al equipo de trabajo.

2. CUESTIONARIO EVALUACIÓN DISCENTES

Sexo

Edad

Puntúa los siguientes ítems de 1 a 10.

- Los objetivos del curso se han conseguido
- El contenido del curso ha satisfecho mis necesidades de formación
- El nivel de profundidad de los temas ha sido adecuado
- La actividad del coordinador del curso ha sido positiva
- La duración del curso ha sido adecuada a los objetivos y contenidos
- La metodología usada ha sido la más adecuada a los objetivos y contenidos del curso
- La metodología ha permitido una participación activa
- Las prácticas, ejercicios prácticos, supuestos, etc., han sido útiles y suficientes
- La calidad y cantidad de la documentación han sido idóneas
- El aula y/o campus virtual has sido adecuada
- El ambiente de aprendizaje ha sido bueno
- La distribución del temario/jornada ha sido adecuada
- Las enseñanzas recibidas son útiles en mi puesto de trabajo
- Las enseñanzas recibidas son útiles para mi formación profesional.
- Las enseñanzas recibidas son útiles para mi formación personal
- El curso merece una valoración global de
- El/la docente tiene grandes conocimientos sobre los contenidos del curso.

- La capacidad del/la docente de transmisión y claridad de exposición son idóneas
- Las enseñanzas que del/la docente ha impartido se adecuan a los contenidos del curso
- La metodología seguida por el/la docente ha sido adecuada
- Las actividades y ejercicios propuestos por el/la docente han favorecido el aprendizaje
- El/la docente ha fomentado y facilitado la participación del alumnado en el foro
- El/la docente ha respondido adecuadamente a las cuestiones planteadas
- El/la docente merece una valoración global de
- Comentarios sobre el/la docente
- Comentarios sobre el curso
- Relación de cursos de interés en función de mi puesto de trabajo
- Relación de cursos de interés en función de mi formación profesional.

3. CUESTIONARIO EVALUACIÓN DOCENTE

Puntúa los siguientes ítems de 1 a 10.

- La información previa a mi participación como docente fue adecuada y recibida con suficiente antelación
- El tiempo asignado a mi participación como docente ha sido adecuado a los contenidos a impartir
- Se ha respetado el horario previsto para mi intervención como docente/tutor
- La secretaría y coordinación de la actividad ha dado el soporte adecuado al desarrollo óptimo de la misma
- He podido disponer de la información y los recursos necesarios para planificar y desarrollar mi participación como docente
- Los medios y recursos didácticos puestos a mi disposición han sido adecuados al desarrollo óptimo de la actividad
- En general, la organización logística ha contribuido a facilitar mi participación como docente en la actividad formativa
- Las instalaciones físicas o virtuales han facilitado el desarrollo de la actividad

- Los/as participantes en la actividad se han ajustado al perfil esperado
- El número de participantes me ha permitido prestar una adecuada atención al alumnado
- He conocido con suficiente antelación el nivel de dominio previo del alumnado sobre los contenidos a impartir
- He conocido las expectativas del alumnado con la antelación suficiente para adaptar mi intervención como docente
- En general, estoy satisfecho con el desarrollo de la actividad.
- Observaciones, aportaciones y

4. CUESTIONARIO EVALUACIÓN DE TRANSFERENCIA

Puntúa los siguientes ítems de 1 a 10.

- Satisfacción con la formación:
  De forma general, indique, su nivel de satisfacción con la formación recibida
- Transferencia:
  Si has podido realizar una práctica relacionada con la acción formativa, del total de conocimientos y destrezas aprendidos ¿Cuantos has podido utilizar?
- Causas de No aplicación aprendizaje
  Si has podido realizar una acción relacionada con la formación recibida ¿ A qué se ha debido, en su caso, el no poder aplicar lo aprendido o aplicarlo escasamente?
- Aplicación aprendizaje
  Describa, por favor, algún ejemplo o situación de aplicación
- Esta actividad ha tenido efecto sobre mi motivación para realizar actuaciones relacionadas con lo aprendido.
- Esta actividad me facilita o me facilitará la realización de acciones en esta línea.
  He detectado posibilidades de realizar actuaciones relacionadas con lo aprendido.
- He aprovechado lo aprendido en la acción formativa para realizar acciones en esta línea.

-    He podido colaborar en mi centro, unidad, u otros, en acciones
     en esta línea.
-    Comentarios y observaciones
     Señala aquellos contenidos en los que más te gustaría profundi-
     zar (numéralos por importancia):

CUESTIONARIO EVALUACIÓN DEL IMPACTO

Puntúa los siguientes ítems de 1 a 10.

1. Si ha realizado una actividad relacionada con la acción formativa recibida, ¿ha puesto en práctica los conocimientos y/o habilidades desarrollados en la acción formativa?
2. Aplicación del aprendizaje: cuantifique el grado de aplicación de lo aprendido en la actividad formativa
3. La actividad formativa ha supuesto para mi más seguridad y motivación

   - Ha supuesto para mi mayor seguridad y autoconfianza en mi práctica

   - Ha supuesto para mi mayor motivación en mi práctica

   - Ha supuesto para mi mayor seguridad y autoconfianza para proyectar nuevas acciones

   - Ha supuesto para mi mayor motivación para empezar o proyectar nuevas acciones

   - No ha supuesto para mi ni seguridad, ni autoconfianza, ni motivación en mi práctica

4. En su centro de trabajo, ¿ha dispuesto de la oportunidad y los recursos necesarios para la aplicación de lo aprendido?
5. En su equipo de trabajo, ¿ha dispuesto de la oportunidad de aplicar lo aprendido?
6. Nivel de mejora: ¿Ha mejorado sus capacidades a partir de lo aprendido?

BIBLIOGRAFÍA

Birkenbihl, M. Formación de Formadores. Paraninfo, 2008.

Carrión, S.A. Comunicación de impacto. Barcelona: Ediciones Obelisco, 2002.

Carrión, S.A. Curso de Trainer's Training. Instituto Español de Programación Neurolingüística, 2008.

Carrión, S.A., y Martínez, M. Enseñando a enseñar con PNL. 2009.

Cudicio, C. La PNL. Las claves para una mejor comunicación. Barcelona: Ediciones Gestión 2000, 2005.

Del Pozo, P. Formación de formadores. Ediciones Pirámide, 1998.

Dilts, R y Epstein, T. Aprendizaje dinámico. Urano, 1997.

Dils, R. El poder de la palabra. Barcelona: Urano, 2003.

Dilts, R. El arte de comunicar. PNL para hacer presentaciones eficaces. Barcelona: Rigden-Instituto Gestalt, 2008.

Fast, J. El lenguaje del cuerpo. Barcelona: Editorial Kairós, 2008.

O'Connor, J y Seymour, J. PNL para Formadores. Urano, 1996.

Serrat, A. PNL para docentes. Grao, 2005.

Thomson, P. Los secretos de la comunicación. Barcelona: Ediciones Granica, 1999.

Watzlawick, P y otros. Teoría de la comunicación humana. Barcelona: Herder, 1997.

Si estás interesado en formarte, o formar al personal de tu entidad en: habilidades de comunicación, inteligencia emocional, gestión de conflictos, coaching, desarrollo personal y muchos temas sanitarios.

Contáctanos en:

DIFERENCE **F**ORMATION

☎   953 369 152

   686 817 656

   info@diference.es

🌐   www.diference.net

ABDESSAMAD LAHIB DABAJ

COMUNICACIÓN EFICAZ PARA PROFESIONALES DE LA SALUD

COLECCIÓN
SALUD

Mobbing, Burnout y Estrés Laboral

Abdessamad Lahib Dabaj

Jesús David Zarza Mota

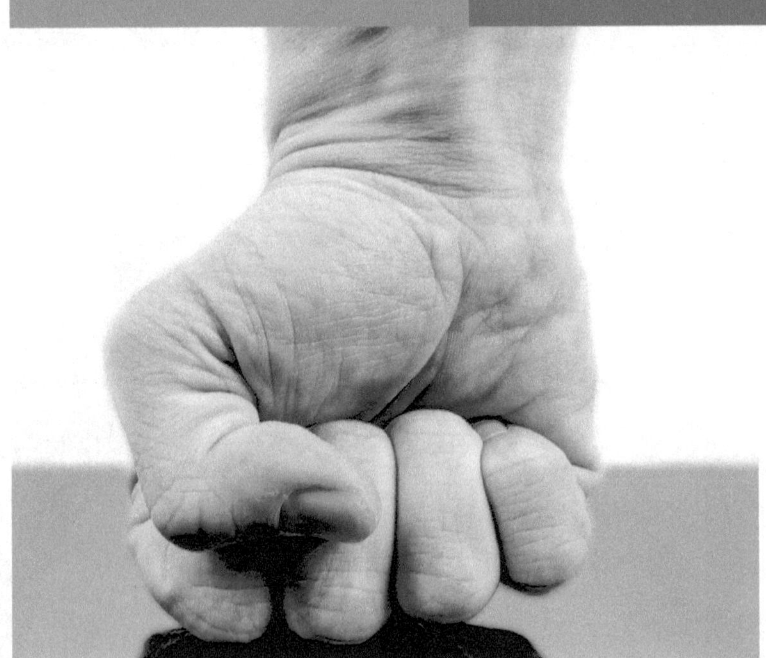